BODENSEE

Covermotiv Ein Postkartenklassiker:
Vor imposanter See- und Alpenkulisse
grüßt Kressbronn mit dem barocken
sechseckigen Zwiebelturm der Eligius-
kapelle. Die Tübinger Kreisstadt zählt
knapp achttausend Einwohner und hat
sich ob seiner hohen Lebensqualität als
„Ort mit Zukunft" für den Wettbewerb
„Entente florale 2009" beworben.

Frontispiz Ein Meer von Blumen
auf der Insel Mainau

© KOMET Verlag GmbH, Köln
www.komet-verlag.de
Gesamtherstellung: KOMET Verlag GmbH, Köln
Produktion: Feierabend Unique Books, Köln
Printed in China

ISBN: 978-3-89836-832-2

Travis Elling / Bernd Lothringer

BODENSEE

Einleitung   6

Ein deutscher See   12
Von Lindau bis Konstanz – Von Allensbach bis Öhningen

Ein schweizerischer See   92
Von Stein am Rhein bis Gottlieben – Von Kreuzlingen bis Altenrhein

Ein österreichischer See   130
Vom alten Rhein bis nach Bregenz

Einleitung

Die Dichterin Annette von Droste-Hülshoff verstarb am 24. Mai 1848 auf der Meersburg. Begraben ist sie auf dem Stadtfriedhof, wo auch Franz Anton Mesmer, der Begründer der Lehre vom Magnetismus, seine letzte Ruhestätte gefunden hat.

„Was treibst du denn, unruhiger See? Kann dir der heilige Schlaf nicht nahn?", fragte sich die deutsche Dichterin Annette von Droste-Hülshoff, als sie 1844 wieder einmal bei ihrem Schwager, dem Freiherrn von Lassberg, auf dem Alten Schloss in Meersburg zu Besuch war. Der Bodensee hat ihr nicht geantwortet, und Ruhe gab er auch nicht. Einer der größten Seen Mitteleuropas wirkt heute sogar noch lebendiger als je zuvor.

Deutschland, die Schweiz und Österreich können von sich behaupten, die „alte Wasserfee" und damit eines der berühmtesten Erholungsgebiete Europas in ihren Grenzen zu beherbergen. Wassersportler, Wanderer, Pauschaltouristen, Freizeitkapitäne, Bergsteiger, Abenteurer, Senioren, Kinder und Familien zieht es Jahr um Jahr in die Region. Die Kulturmetropole Konstanz, das pittoreske Meersburg, die verwinkelten Gassen Arbons, die Festspiele in Bregenz und die Alpenkulisse des Pfänders bieten exotischen Reisezielen in Fernost und in der Karibik Paroli, ohne sich strecken zu müssen.

Im Jahr 2003 erfassten die statistischen Ämter der verschiedenen Länder zusammen rund 28 Millionen Gästeübernachtungen. Die Anzahl der tatsächlichen Übernachtungen wird sogar auf rund 34 Millionen geschätzt. 250 Millionen Euro beschert der Tourismus der Region Bodensee jährlich, Tendenz steigend. Kein Wunder, dass auch die Bevölkerung der Region im Wachsen begriffen ist, denn wo es sich gut leben lässt, fühlt man sich schnell zu Hause. Ende 2005 hatte der Bodenseeraum 3,6 Millionen Einwohner bei einer Bevölkerungsdichte von 228 Personen pro km², für 2020 schätzt man einen Anstieg auf fast 4 Millionen Einwohner.

EIN SEE MIT GESCHICHTE

„Hast du so vieles, so vieles erlebt", so geht die erwähnte Ode Droste-Hülshoffs einige Verse später weiter. Die Geschichte der

Region Bodensee ist tatsächlich bewegt und war über die Jahrhunderte nicht selten kriegerisch. Auf seinen Wogen verbreiteten sich die großen Kulturströmungen Europas. Der Bodensee sah Heer und Kaufleute kommen und gehen, Herrscher und Reiche aufstreben und wieder verschwinden. Menschen der Jungsteinzeit setzten in der Nähe von Unteruhldingen ihre Pfahlbauten in den Ufer-

DER SEE IN ZAHLEN

Der Bodensee, bestehend aus Ober- und Untersee, hat eine Gesamtuferlänge von 273 km und bedeckt eine Gesamtfläche von 535 km² (Obersee allein: 473 km²). Die maximale Tiefe des Bodensees beträgt 254 m, die mittlere Tiefe 90 m. Die Pegelstände am Bodensee beziehen sich auf den Unterschied zum Pegelstand in Konstanz; dort beträgt Pegelnull 391,81 Meter über Normalhöhennull (für Segler interessant: Das Karten-Null liegt bei 2,5 Metern). Der bislang höchste in Konstanz gemessene Pegel lag bei 6,36 Metern (Juli 1817), der niedrigste Pegelstand war 2,29 Meter (Februar 2006). Entlang seiner längsten Achse (von Südosten nach Nordwesten bzw. von Bregenz zum „Finger" nach Bodman) wölbt sich die Oberfläche des Bodensees aufgrund der Erdkrümmung um ca. 80 Meter auf; ein Blick von Ostufer zu Westufer ist daher unmöglich. Die maximale Längsausbreitung des Bodensees beträgt 63 km, die maximale Breitenausdehnung 14 km. Im Obersee existieren zwei bedeutende Inseln: Mainau und Lindau. Der Untersee darf auf die größte Insel des Bodensees stolz sein: Reichenau. Der Bodensee bringt es auf ganze 236 Zuflüsse, allerdings liefert der Alpenrhein mit ⅔ der Wassermassen den Löwenanteil; der mittlere Zufluss beträgt 372 m³/s. Das Wassereinzugsgebiet des Bodensees umfasst 11.500 km², auf denen ca. 1,5 Millionen Menschen in fünf verschiedenen Staaten (Deutschland, Österreich, Schweiz, Liechtenstein, Italien) leben.

In früheren Zeiten war der Bodensee ein wichtiges Bindeglied zwischen den heute deutschsprachigen Ländern im Norden und den Gebieten südlich der Alpen. Wo sich einst die Wege der Händler kreuzten, begegnen sich heute Erholungssuchende aus ganz Europa. Im Jahr 2003 erfassten die statistischen Ämter der verschiedenen Länder zusammen rund 28 Millionen Gästeübernachtungen; die tatsächlichen Übernachtungen werden sogar auf rund 34 Millionen geschätzt. Der Tourismus trägt jedes Jahr rund 250 Millionen Euro in die Bodenseeregion, Tendenz steigend. Kein Wunder, dass die Bevölkerung im Wachsen begriffen ist. Ende 2005 hatte der Bodenseeraum 3,6 Millionen Einwohner bei einer Bevölkerungsdichte von 228 Personen/km², für 2020 erwartet man einen Anstieg auf fast 4 Millionen Einwohner.

schlamm. Julius Caesar eroberte das zuvor keltisch geprägte Gebiet für das Römische Reich. Unter Einfluss des mächtigen Bistums Konstanz entstanden um den Bodensee seit dem 7. Jahrhundert bedeutende religiöse Einrichtungen, der Bodenseeraum wurde im Hochmittelalter zu einem Zentrum deutscher Gelehrsamkeit. An seinem Ufer in Konstanz fand 1415 der böhmische Prediger Johann Hus den Tod, ein Wegbereiter der Reformation, dessen Ideen sich dennoch über die Wogen des Binnenmeeres verbreiteten. Der Bauernkrieg und der Dreißigjährige Krieg brachten der Region Bodensee Zerstörung und Verderben. Sie wurde zum Schlachtfeld des schwedischen Königs und des Kaiserhauses der Habsburger. Dagegen fand der französische Kaiser Napoleon III. im 19. Jahrhundert am Bodensee freundliche Aufnahme und revanchierte sich, indem er französische Kultur an dessen Gestaden etablierte.

Doch dunkle Zeiten kamen. Adolf Hitler ließ ab 1942 in Friedrichshafen Wissenschaftler auf Hochtouren an der Entwicklung einer todbringenden Wunderwaffe arbeiten, pferchte Gefangene aus dem KZ Dachau zu Arbeitskolonnen zusammen, suchte sie am Endsieg und so am eigenen Verderben mitwirken zu lassen. Am 28. April 1944 bekamen er und viele Unschuldige mit der vollständigen Zerstörung der historischen Stadt durch alliierte Jagdbomber die Rechnung.

Am Bodensee dichtete aber auch eine Annette von Droste-Hülshoff einst intime Naturpoesie, schrieb später Martin Walser bewegende Romane, malte Otto Dix schier Ungeheuerliches und erblickte der legendäre Graf von Zeppelin das Licht der Welt, der die Luftfahrt revolutionieren wollte und schließlich doch nicht konnte. Genie und Wahnsinn, Schöpfung und Untergang, Hübsches und Hässliches – der Bodensee war stets ein stummer Zeuge menschlichen Schicksals.

Saftige Wiesen, blaues Wasser und die Gipfel der Berge: Der Bodensee zeigt sich an Sommertagen von seiner schönsten Seite. Hier schweift der Blick von Meersburg in die Ferne auf den 2.501,9 m hohen Schweizer Säntis.

EIN SEE, ZWEI GEWÄSSER, DREI BESITZER

Der Begriff Bodensee bezeichnet streng genommen zwei Gewässer. Verbunden sind der Obersee und der Untersee durch den fast vier Kilometer langen Seerhein. Beide Seen zusammen haben eine Uferlänge von 273 km. Der kleinere Untersee bildet einen Teil der Grenze zwischen Deutschland und der Schweiz; er liegt etwa 30 cm tiefer als der größere Obersee. Dieser hat mit Deutschland, der

Schweiz und Österreich drei Anrainerstaaten. Die Römer nannten ihn Lacus Constantinus nach dem Kastell Constantia, aus dem später Konstanz entstand. Als der ostfränkische König Ludwig der Deutsche sich im 9. Jahrhundert häufiger in der Nähe von Überlingen in der Kaiserpfalz Bodoma (heute Bodman) aufhielt, bürgerte sich der Name Bodensee im deutschen Sprachgebrauch ein. Andere Europäer blieben bei der römischen Form – so heißt der Bodensee bei den Engländern Lake Constance, bei den Spaniern Lago de Constanza etc. Im Laufe der Geschichte übertrug sich der Name auf das gesamte Wassersystem aus Ober- und Untersee mit Seerhein.

Wem gehört der Bodensee? Weder die Grenzvereinbarungen noch die Staatsverträge, die seit 1554 in schönster Regelmäßigkeit verabredet wurden, haben hier eine befriedigende Lösung schaffen können. Ob man nun wie die bundesdeutsche Regierung das Gewässer als ein „gemeinsames Territorium" betrachtet, wie Österreich auf dem Begriff „Niemandsland" besteht oder wie die Schweiz die Anerkennung einer „Mittellinie" durchzusetzen versucht, scheint es doch klar, dass ein so stolzes Gewässer wie der Bodensee sich nicht einfach wie ein Stück Brot teilen lässt. Mit der Messlatte ausmessen lässt sich allein der Uferbereich, der Deutschland mit 173 km, der Schweiz mit 72 km und Österreich mit 28 km Uferlänge zugestanden wurde. Jenseits der Seetiefe von 25 m verlieren sich die Ansprüche in den Untiefen. Die Anrainer setzen ohnehin schon lange auf eine friedliche Koexistenz. Weinbau, Warentransport und Tourismus erscheinen heute, wenigstens oberflächlich betrachtet, grenzenlos. Das vereinte Europa ist am Bodensee ein Stück weit Realität, und die zahlreichen Fahnenmasten rund ums „Dreiländereck" bei Lindau, Arbon oder Altenrhein sind dessen sichtbarster Ausdruck.

Der südlichste Leuchtturm Deutschlands steht im Hafen von Lindau.

__Folgende Doppelseite__ Die einträchtig nebeneinander stehenden Flaggen der drei Bodensee-Länder symbolisieren eine friedliche Koexistenz und stehen außerdem für ein vereintes Europa.

Ein deutscher See

Barocker Stil nach Augsburger Vorbild. Das reiche Handelshaus der Fugger stiftete 1655 große Summen zum Wiederaufbau der im Dreißigjährigen Krieg zerstörten Kirche. Der Heilige Gallus wacht im Innern lebensgroß über die Gläubigen.

VON LINDAU BIS KONSTANZ

Unsere Reise durch den deutschen Teil des Bodenseegebiets beginnen wir am östlichen Nordufer des Obersees, in der Großen Kreisstadt Lindau. Sie liegt im Dreiländereck Deutschland/Österreich/Schweiz und gehört zum bayerischen Regierungsbezirk Schwaben. 401 Meter über dem Meeresspiegel wohnen hier ca. 25.000 Menschen in einer idyllischen Umgebung. Die sehenswerte Altstadt befindet sich auf einer malerisch gelegenen Insel mit zahlreichen touristischen und kulturellen Einrichtungen; eine Brücke und ein Eisenbahndamm verbinden die Insel mit dem Festland.

Im Jahr 882 erwähnte ein Mönch den Ort Lindau im Zusammenhang mit dem auf dem Festland im heutigen „neuen" Stadtteil Aeschach befindlichen Damenstift „Unserer Lieben Frauen unter den Linden"; heute wird dieses vom Grafen Adalbert von Rätingen gegründete Kloster als der Urkeim der späteren Stadt Lindau angesehen. Das Kloster wurde 1079 auf die Insel Lindau selbst verlegt; im selben Jahr erhielt Lindau auch das Marktrecht. Dank der günstigen, geschützten Lage bildete sich um den zuerst einfachen Markt schnell eine ansehnliche Ansiedlung. Das Münster „Unserer Lieben Frau" dominiert noch heute den alten Marktplatz im Osten der Insel. Der heute existierende Sakralbau wurde zwischen 1748 und 1752 errichtet, nachdem das zuvor bestehende Bauwerk sowie viele Lindauer Gebäude 1728 durch einen schweren Stadtbrand vernichtet worden waren. Ein Besuch des Münsters lohnt sich allein schon wegen der beeindruckenden Rokoko-Einrichtung.

Von dort aus empfiehlt sich ein Spaziergang in Richtung Hafen, wo man den einzigen Leuchtturm Bayerns bewundern kann. Der heutige Leuchtturm sowie die auffällige Löwenskulptur am Hafeneingang stammen aus der Mitte des 19. Jahrhunderts, aber die Einrichtung „Leuchtturm" hat in Lindau eine lange Tradition: Der 20 Meter hohe Mangturm, Teil der alten Stadtbefestigung, wies Seefahrern schon zwischen 1180 bis 1300 den Weg. Tradition hat hier auch die Narretei; die schwäbisch-alemannische „Fasnet" mit ihren fantasievollen, traditionellen Geisterkostümen (den „Binsengeistern") macht den Fastnachtsonntag zu einem Höhepunkt des Lindauer Jahres. Weniger närrisch geht es bei den jährlich stattfindenden Nobelpreisträger-Tagungen zu. Seit 1951 treffen bei dieser Veranstaltung etwa 20 Nobelpreisträger auf ca. 500 Studenten aus aller Welt. Die dann stattfindenden Vorlesungen und Diskussionen machen Lindau, obwohl die Stadt selbst keine Universität besitzt, für kurze Zeit zu einem Zentrum des internationalen Geisteslebens.

Auch die Geschichte der Gemeinde Wasserburg, etwas weiter westlich entlang dem Nordufer des Bodensees gelegen, beginnt mit einem Kirchenbau. Im Jahr 748 wurde hier auf einer günstig gelegenen Insel eine kleine Seekirche aus Holz errichtet. Die Sankt-Georgs-Kirche und die kleine Ansiedlung auf der Insel florierten und wurden im 13. Jahrhundert mit einer starken Schutzmauer umgeben. Die Vorsichtsmaßnahme war angebracht, aber nicht ausreichend: 1358 zerstörten Truppen des erstarkenden Schwäbischen Städtebunds die Festung Wasserburg. Die Insellage bot eben doch nicht genug Schutz; die Burg wurde zwar wieder aufgebaut, aber schon im 16. Jahrhundert zum Schloss umfunktioniert. Das Gebäude beherbergt heute ein Hotel mit Restaurant. 1720 beschloss man den Anschluss von Wasserburg ans Festland. Durch Aufschüttungen verwandelte man die Insel in eine Halbinsel; diese Halbinsel wurde 1927 zum Geburtsort des Schriftstellers Martin Walser. Dessen 1998 erschiener, kontrovers diskutierter Roman „Ein springender Brunnen" beschreibt Walsers Jugend im dörflich-idyllischen Milieu des Bodensees während der nationalsozialistischen Herrschaft. Das Werk, das Kritiker als eine „authentisch wirkende Schilderung der Lebensumstände in der Zeit des Nationalsozialismus" beschreiben, ist eine perfekte Reiselektüre. Das Museum im Malhaus, direkt am Ufer der Halbinsel gelegen, beherbergt auch eine Dauerausstellung über Walsers Jugendzeit in Wasserburg. Eine weitere ständige Ausstellung behandelt das Werk des Schriftstellers Horst Wolfram Geißler. Geißlers Roman „Der liebe Augustin. Die Geschichte eines Lebens" wird oft „der erfolgreichste Bodensee-Roman des 20. Jahrhunderts" genannt und spielt in Wasserburg. Das Malhaus selbst wurde 1597 unter der Herrschaft

Ein Kind der Stadt: Martin Walser wurde am 24. März 1927 in Wasserburg geboren.

ALEMANNISCHE FASTNACHT

Fastnacht nennt man sie, doch hat die schwäbisch-alemannische Fasnet mit den feuchtfröhlichen Bräuchen des rheinischen Karnevals und des Faschings nur wenige Gemeinsamkeiten. Zu Beginn des 20. Jahrhunderts bürgerte sich im südwestdeutschen Raum und in der Nordschweiz das imposante Spiel mit der großen Maskerade ein. Die „Larven" oder „Schemmen", wie man die Masken im alemannischen Sprachraum nennt, nahmen mit den Jahren immer aufwendigere Formen an. Aus Holz, Stoff, Papier, Ton oder Draht hergestellt, werden sie heute in vielen Landstrichen kultisch verehrt und von Generation zu Generation weitergereicht. Die kostümierten „Hästräger" kommen Jahr um Jahr im selben Kostüm und sind stolz darauf.

Die preußische Gewohnheit, sich in Narrenvereinigungen zu organisieren, hat man indessen aus dem Rheinland übernommen. Der Alemannische Narrenring und die Narrenvereinigung Hegau-Bodensee haben ihre festen Vorschriften und gewähren Regelbrechern kein Pardon. So läuft ein „Elzacher Schuttig' am frühen Samstag beim Nachtumzug des „Viererbundes" der Narrenzünfte in Überlingen am Bodensee mit einer Fackel in der Hand durch die Innenstadt, zur verabredeten Zeit, im verabredeten Kostüm, und wehe ihm, er tut es nicht.

Schwäbisch-schweizerisch ist auch der Hang zur Sauberkeit, den auch eine noch so turbulente Fasnet mit „Karbatschen", „Klepfen" oder Glockenläuten nicht verdrängen kann. Müllberge, zerschlissene Kleider und menschliche Trümmerhaufen wird man nach der Fasnet nur selten finden.

der Fugger als Gerichtsgebäude erbaut. In jener Zeit fanden in dem Gebäude auch Hexenprozesse statt; eine weitere Ausstellung erinnert an diesen düsteren Aspekt der Stadtgeschichte.

Wer dem empfehlenswerten Bodensee-Radweg von Wasserburg nach Westen folgt, findet seinen Weg in die Gemeinde Langenargen, gelegen zwischen den Flüssen Argen und Schussen. Prunkstück des Orts ist ein hübsches, orientalisiertes Sommerschloss, das Mitte des 19. Jahrhunderts für Wilhelm I. von Württemberg direkt am Seeufer errichtet wurde, das allerdings in Erinnerung an das früher in Langenargen herrschende Adelsgeschlecht als Schloss Montfort bekannt ist. Heute beherbergt das Gebäude ein Restaurant, ein Museum und eine Diskothek, die sozusagen hochwohlgeborenes Tanzvergnügen garantiert. Das Heimatmuseum von Langenargen besitzt eine sehenswerte Sammlung von Bildern des Malers Hans Marsilius Purrmann, eines Schülers von Henri Matisse. Purrmann wird zur Klassischen Moderne gezählt und nahm an der documenta 1 im Jahr 1955 teil.

Etwas ins Landesinnere hinein findet sich eine Kabelhängebrücke, die Langenargen mit Kressbronn verbindet. Das Industriedenkmal ist die zweitälteste Hängebrücke Deutschlands; 1896/97 konstruiert, bringt sie es auf eine Länge von 72 Metern. Kressbronn selbst ist für Freunde von Schiffsmodellen so etwas wie ein Mekka. Hier lebt und wirkt der serbische Kunsthandwerker Ivan Trtanj, in dessen mit großem handwerklichem Können hergestellten Modellen Kritiker den Ausdruck „allerhöchster Kunstfertigkeit" sehen. Die „schwimmenden Kunstwerke" haben inzwischen im Kressbronner Museum „Schlössle" (geöffnet nur von April bis Oktober) eine Heimat gefunden. Hier stehen Lustschiffe und Prunkbarken zwischen Sextanten und maritimen Ölbildern; auch ein Modell der berühmten „Bounty" fehlt nicht. Nach Vereinbarung gibt der Künstler selbst Führungen durch seine Werke. Doch nun weiter nach Westen, am Ufer entlang ...

Friedrichshafen mit seinen fast 60.000 Einwohnern hat, wie es sich für die zweitgrößte Stadt am Bodensee gehört, einiges zu bieten. Der Name geht auf den württembergischen König Friedrich I. zurück. 1811 – kurz nachdem die Region im Rahmen des Pariser Vertrags von Bayern an Württemberg abgegeben worden war –

Schloss Montfort ist das Wahrzeichen von Langenargen. Es beherbergt eine Gemäldesammlung und wird seit 2000 umfangreich restauriert.

befahl König Friedrich die Zusammenlegung der zwei durch die Wirren der Napoleonischen Kriege sehr mitgenommenen Orte Buchhorn und Hofen zu „Schloss und Stadt Friedrichshafen". Der neue Freihafen profitierte rasch vom regen Handel mit der Schweiz. Das Kloster Hofen wurde zum Schloss umgebaut, die Doppelstadt diente den regionalen Herrschern nun als Sommerresidenz. Der reiselustige russische Zar Alexander II. besuchte schließlich den hübsch gelegenen Ort und wurde so zum Pionier des Bodensee-Tourismus. Wer die Geschichte Friedrichshafens aber wirklich besonders macht, ist ein „Zugezogener" aus Konstanz: Ferdinand Graf von Zeppelin, der „Alte vom Bodensee", wählte das Bodensee-Städtchen um 1900 als Produktionsstandort für seine bald berühmt-berüchtigten Luftschiffe aus. Die Weltneuheit zog zahlreiche Gäste an und machte Friedrichshafen zu einem weithin bekannten Industriestandort. Der Zeppelinbau begründete u. a. auch die Ansiedlung der Zahnradfabrik GmbH in der Stadt; ursprünglich wurden spezielle Getriebe für die gräflichen Luft-

Der „Friedrichshafen": Fähren, Ausflugs-, Kurs- und Freizeitschiffe durchqueren die Einfahrt in den Hafen im Minutentakt. Längst ist der Wasserweg bei Touristen der beliebteste Zugang nach Friedrichshafen.

ZEPPELIN

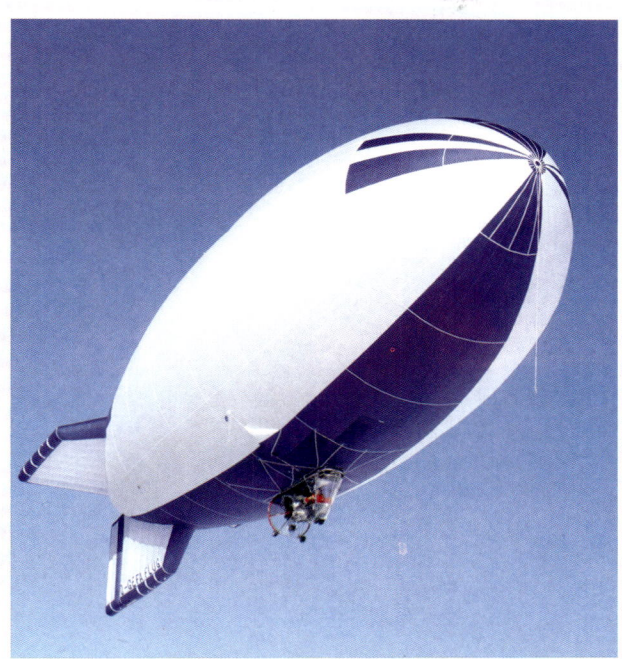

1900 war das Jahr des Zeppelins. Diese beeindruckenden Luftschiffe, wahre Giganten der Lüfte, läuteten das Luftfahrtzeitalter richtig ein. Zeppeline sind Luftschiffe mit einer starren Hülle, die mehreren Gasbehältern in ihrem Inneren Platz und Form gibt. Dadurch ist die relativ sichere Konstruktion großer, tragfähiger Luftschiffe möglich; bei den direkten Vorläufern der Zeppeline, den Prallluftschiffen oder „Blimps", wird die Form des Schiffes durch die Form der Hülle bestimmt, weswegen im Inneren ein Überdruck an Traggas nötig ist.

Zwar startete das erste Starrluftschiff der Welt, entworfen von dem Kroaten David Schwarz, bereits 1897 auf dem Tempelhofer Feld in Berlin; doch es war an einem der Zeugen dieses historischen Moments – das Luftschiff wurde während seiner Jungfernfahrt zerstört – das Prinzip eines starren, mit Traggas gefüllten Schwebekörpers zu einer Weltsensation zu machen: Ferdinand Graf von Zeppelin, der sich bereits seit einiger Zeit mit dem Konzept beschäftigte, einigte sich mit Schwarz' Witwe (Schwarz war kurz vor dem Erstflug verstorben) und verbaute die Überreste des Schwarz'schen Schiffs in seinem Zeppelin-Prototyp LZ 1. Als Produktionsstandort für seine Luftschiffe wählte der abenteuerlustige Graf das am Bodensee gelegene Friedrichshafen.

Die Resonanz in Deutschland war so groß, dass schon 1909 mit der DELAG (Deutsche Luftschiffahrts-Aktiengesellschaft), einer Ausgründung der Luftschiffbau Zeppelin GmbH, die erste Fluggesellschaft der Welt gegründet wurde. Die Luftschiffe vom Bodensee beförderten bald schon Passagiere durch ganz Deutschland, von Berlin-Johannisthal nach Hamburg, Frankfurt am Main und weiter. Der Ausbau des bereits geplanten europäischen Zeppelin-Flugnetzes wurde durch den Ersten Weltkrieg verhindert; nun benutzte die Armee die Flugschiffe für ihre Zwecke. Ab 1928 konnte die LZ 127 („Graf Zeppelin") nonstop den Atlantik überqueren; eine beachtliche Leistung. Die LZ 127 umrundete 1929 als erstes und bisher einziges Starrluftschiff die Welt; zwei Jahre später erkundete das fliegende Schiff die Arktis. Die „Graf Zeppelin" hält mit 6.384,5 km bis heute den Rekord als längste Fahrt eines Luftschiffes (egal welcher Klasse).

Als die „Hindenburg", das größte jemals gebaute Luftschiff, 1937 nach einem Transatlantikflug über Lakehurst in den USA Feuer fängt, verlieren 36 Menschen ihr Leben; es sind die ersten Opfer, die in der Geschichte der zivilen Zeppelin-Luftschifffahrt zu beklagen sind. Der Schock ist groß und bedeutet das fast sofortige Ende der Verkehrsluftschifffahrt. Die Zeit der Zeppeline ist beendet. Auf Betreiben Hermann Görings, eines erklärten Fans „schwerer" Flugzeuge, wird die „Graf Zeppelin", inzwischen nur noch eine Touristenattraktion, im Jahr 1940 abgewrackt; die Zeppelin-Luftschiffhallen werden gesprengt, da sie für feindliche Bomber ein leicht erkennbares Orientierungsmittel gewesen wären.

In den letzten Jahren haben verbesserte Techniken und die ökologischen Vorteile der Luftschiffe wieder zu Entwicklungen im Bereich der halbstarren Luftschiffe geführt.

schiffe entwickelt, heute ist das Unternehmen ein bedeutender Zulieferer der Automobilindustrie. Dieser Tage schweben wieder Zeppeline über dem Bodensee; der moderne Zeppelin NT (NT steht für „neue Technologie) wird für Rundflüge eingesetzt – ein Erlebnis der besonderen Art. Im Anschluss (oder zuvor) bietet sich ein Besuch des lokalen Zeppelin-Museums im früheren Hafenbahnhof direkt am Ufer des Bodensees an oder ein Spaziergang entlang des zwölf Kilometer langen Zeppelin-Pfads. Die schönste Route beginnt an der ehemaligen Ländergrenze zwischen Baden und Württemberg am Grenzbach und führt durch die Geschichte der Stadt und ihrer Luftschiffe. Wenn es etwas familiärer zugehen soll: Jedes Jahr im Juli findet in Friedrichshafen das traditionelle Seehasenfest statt, dessen Hauptfigur – ein junger Mann in einem schwarz gefleckten Hasenkostüm – Tüten mit Süßigkeiten an die

DÜNNELE

Die traditionelle Küche im Bodenseeraum ist natürlich alemannisch geprägt und damit der schwäbischen Küche sehr ähnlich; Zwiebelkuchen und Spätzle finden sich fast überall. Besonders beliebt sind auch die „Dünnele", auch „Dinnete" oder „Wähe" (in der Schweiz) genannt. Diese den Elsässischen Flammkuchen verwandte Spezialität entstand, wie viele bäuerliche Leckereien, eher aus der Not als aus dem Wunsch nach Verfeinerung. Beim wöchentlichen Brotbacken hatten die Menschen früher wahrhaftig „alle Hände voll", an gesondertes Kochen war da nicht zu denken. Daher nahm man einfach etwas Teig, strich ihn dünn aus und belegte ihn mit was immer vorhanden war.

Typisch für die Region sind Zwiebeln (im Westen des Bodensees oft „Bülle" genannt), Spinat und Äpfel; Speck, Pfeffer und Knoblauch tun ein Weiteres. In späteren Jahren kamen dann Kartoffeln und Tomaten dazu. Das „Dünnele" konnte praktischerweise im Ofen mit dem Brot gebacken werden. In seiner Erscheinungsform ist es ursprünglicher, meist kleiner und mit einem breiteren Rand als der Elsässische Flammkuchen. „Käsewähen" werden mit einem Guss aus Eiern, Rahm und Käse zubereitet, in dem das Gemüse sozusagen „schwimmt"; sie bieten also eine gehaltvollere Variation des Gerichts. „Wähen" werden oft auch süß angeboten. Ein lokaler Most rundet das kulinarische Erlebnis perfekt ab.

anwesenden Kinder verteilt. Das Fest wurde 1949 ins Leben gerufen, um den Kindern der Stadt trotz der Kriegszerstörung und der Not der Nachkriegsjahre etwas Lebensfreude zu vermitteln; das tut es bis heute. Die industrielle und militärische Bedeutung Friedrichshafens führte dazu, dass die Stadt im Zweiten Weltkrieg ein bevorzugtes Ziel der alliierten Luftwaffe wurde. Am Ende des Krieges lag Friedrichshafen zu zwei Dritteln in Schutt und Asche; der Wiederaufbau begann 1950.

Etwa neun Kilometer östlich von Friedrichshafen kommen die Freunde historischer Seefahrzeuge auf ihre Kosten: In Immenstaad steht die Nachbildung einer „Lädine" für Rundfahrten bereit. Diese Lastensegler, deren Grundkonzept auf dem keltischen Schiffsbau basieren soll, haben über 500 Jahre hinweg das Erscheinungsbild der europäischen Binnenschifffahrt geprägt. Noch weiter im Osten, in Hagnau, können Reisende im Sommer an Weinproben teilnehmen und den eigentümlichen Charme eines intakten Dorfes genießen. Allerdings ist der Wein hier zweifellos die Hauptattraktion: Der 1881 gegründete Winzerverein Hagnau ist nicht nur der älteste am Bodensee, sondern auch der größte. Entsprechend stolz ist man hier auf die Kelthereiprodukte, die „kontrolliert umweltschonend" hergestellt werden und hervorragend zu regionalen Spezialitäten – „Dünnele", „Kässpätzle" oder „Buure-Pfanne" – passen. An der Weinproduktion Interessierte können im Ort übrigens auch eine alte Weintorkel (Weinpresse) aus dem Jahr 1747 bestaunen. Das Wahrzeichen von Hagnau, die St. Johannes-Baptist-Kirche, wartet übrigens derzeit auf die Rückkehr seiner Johannisbüste, die momentan auf der Schweizer Bodenseeseite „tätig" ist.

Mümmelmänner hoch zur See. Das Seehasenfest beschert den Friedrichshafenern alljährlich eine zweite Fastnacht.

Der Weinbau ist auch für die idyllisch gelegene Stadt Meersburg von Bedeutung; für den Reisenden stehen hier aber andere Aspekte im Vordergrund. Eine Autofähre nach Konstanz auf der gegenüberliegenden Seeseite ermöglicht all denjenigen, die schnell mal in der „großen Stadt" einkaufen wollen, eine rasche Verbindung. Ein weiterer Höhepunkt ist zweifellos die Meersburg selbst. Das im 7. Jahrhundert errichtete Gebäude dominiert die Meersburger Unterstadt und geht – der Legende nach – auf den Merowingerkönig Dagobert I. (auch „Dagobert der Gute") zurück, der um 630 in der Gegend die Christianisierung der Alemannen vorangetrieben haben soll. Entsprechend wird der Bergfried der Burg auch „Dagobertturm" genannt. Die Burg ging 1838 durch Kauf in den Besitz des Sammlers Joseph von Laßberg über. 1841 zog dessen Schwägerin Annette von Droste-Hülshoff in die Burg ein, im gleichen Jahr verfasste die bedeutende deutsche Schriftstellerin das der Burg Meersburg gewidmete Gedicht „Das Alte Schloss": „Auf der Burg haus' ich am Berge, unter mir der blaue See, höre nächtlich Koboldzwerge, täglich Adler aus der Höh'." Unheimliche Zeilen sind das, die man am besten authentisch direkt im Schatten der Meersburg liest. Droste-Hülshoffs Sterbezimmer ist heute Teil des Burgmuseums. Das Stadtmuseum zeigt zudem eine interessante Ausstellung über das Werk des Franz Anton Mesmer, eines in Itznang am Bodensee geborenen und in Meersburg verstorbenen Vorläufers der modernen Hypnosetherapie und einer – allerdings umstrittenen – Ikone der an esoterischen Heilmethoden interessierten Szene.

Die Stadt Meersburg eignet sich auch vorzüglich für Spaziergänge – die Altstadt ist eine Fußgängerzone, und fast überall eröffnen sich interessante, malerische Aussichten auf den Bodensee oder die Stadt selbst. Bei Hobbyfotografen sind die romantischen Fachwerkhäuser von Meersburg beliebte Motive. Während des jährlichen Schnabelgiere-Umzugs kann dem glücklichen Fotografen unter Umständen auch ein Schnappschuss eines großen, weißen Vogels mit rotem Schnabel gelingen. Dieser seltsame Vogel verteilt gern Lebensmittel an Kinder – allerdings nur, wenn sie laut genug „Schnabel-, Schnabel-, Giere!" rufen. Tun sie dies nicht, dürfen die Umzugsleiter nach altem Brauch den ungezogenen „Rotzlöffeln" (freilich sanfte) Stockschläge verpassen. Woher diese Tradition eigentlich stammt, weiß in Meersburg jedoch heute keiner mehr so genau. Viele der historischen Gebäude vom Meersburg sind übrigens in dem 1956 gedrehten Heimatfilm „Die Fischerin vom Bodensee" zu sehen; ein Vergleich mit dem gegenwärtigen Stadtbild ist von einigem Interesse.

Hinter der durch die Fährverbindung Meersburg–Konstanz gezeichneten Linie verengt sich der Obersee; dieser wässrige „Finger" trägt den Namen Überlinger See und liegt in seiner Gesamtheit im deutschen Hoheitsgebiet. Die Ufer des Überlinger Sees sind durch steile Abhänge und relativ weiches Gestein gekennzeichnet. Auch unter Wasser geht es schnell tief hinab, weswegen das Gebiet

Ob nach Konstanz, Überlingen, Lindau oder Bregenz: Die Schiffe der Bodensee-Schiffsbetriebe legen regelmäßig von Meersburg ab. Im Yachthafen gehen kleine und große Bodenseekapitäne ohne Fahrplan vor Anker.

bei Tauchern besonders beliebt ist. Allerdings ist Vorsicht geboten: Jedes Jahr unterschätzen unerfahrene Neulinge die Herausforderung durch die oft nur schlechte Sicht und die schnell fallenden Temperaturen. Daher sollte man vor einem Tauchgang unbedingt bei den ansässigen Tauchvereinen und -schulen Informationen über die Besonderheiten des Tauchgebiets einholen.

KATAMARAN

Der Motorkatamaran ist eines der faszinierendsten Wasserfahrzeuge auf dem Bodensee. Der Name „Katamaran" ist ein Lehnwort aus dem Tamilischen und beschreibt ein Boot mit zwei Rümpfen (wörtlich „zusammengebundene Bäume"). Im Jahr 1998 wurde die Katamaran-Reederei Bodensee GmbH gegründet; die ersten beiden Schiffe der Linie Friedrichshafen–Konstanz nahmen Mitte 2005 ihren Betrieb auf. Das Unternehmen sieht es als Ziel an, den motorisierten Individualverkehr auf den Straßen um den Bodensee zu verringern und durch eine moderne Technik die Umweltbilanz der Region zu verbessern. Die Katamaran-Technik bietet einen niedrigen spezifischen Energieverbrauch bei geringen Schallemissionen. Sicherlich trägt die stündlich operierende Fährverbindung auch zu einem verstärkten Austausch zwischen den Städten Friedrichshafen und Konstanz sowie dem nahen Kreuzlingen bei. Allerdings wird das Unternehmen für die relativ hohen Beförderungspreise kritisiert; auch lehnt es der Dienst ab, in die regionalen Tarifangebote („Euregio Tageskarte" etc.) eingegliedert zu werden – und das, obwohl die Katamarane aus Mitteln für den öffentlichen Nahverkehr gefördert wurden. Auch die tatsächliche Umweltverträglichkeit ist umstritten. Aber trotz aller Kritik: Die Bodensee-Katamarane sind moderne Verkehrsmittel, die allen Komfort bieten – vom Bordbistro über Laptop-Arbeitsplätze für Geschäftsreisende, von Freidecks zum Genießen der Aussicht bis hin zu WLAN zum Internet-Surfen auf dem See. Und auch für Vielfahrer und Nachtschwärmer werden inzwischen besondere Tarife angeboten.

RAKETENPOST

Auch in der Astrophilatelie hat der Bodensee einen Platz; genauer genommen: Unter den eifrigen Briefmarkenfreunden, die mit der Weltraumfahrt zusammenhängende Postprodukte sammeln, sind die etwa 200 Briefe und Postkarten, die der Raketenpionier Gerhard Zucker im Jahr 1935 von der MS Silberhecht in einer seiner Postraketen nach Rheineck beförderte, gesuchte Objekte der Begierde. Die Postbeförderung per Rakete war damals eine Neuheit, die durchaus Aufsehen erregte. Die Briefe kamen dabei in ein „Postfach" in der Spitze des Flugkörpers, bei dem es sich allerdings nach heutigem Verständnis eher um eine aufgemotzte Feuerwerksrakete handelte. Diese wurde dann zum Zielort geschossen, an dem sie – im besten Fall – gemütlich an einem Fallschirm zu Boden sank. Am Bodensee verwendete Zucker statt des üblichen Triebwerks ein Katapult zum Start seines Flugobjekts. Die Technik geriet schnell in Vergessenheit; die Postkarten, besonders die mit dem Aufdruck „Bodensee-Katapultflug", dagegen haben Karriere gemacht. Gerhard Zuckers eigene Geschichte verlief nicht allzu glücklich: 1935 versuchte er die Briten für seine Raketen zu interessieren; in England wurde er nach einer nicht allzu erfolgreichen Demonstration trotzdem als „Gefahr für die Einkünfte des Postdienstes" eingestuft und deportiert. In Nazi-Deutschland verdächtigte man ihn nun der Kollaboration mit England, weswegen er zu einer mehrjährigen Haftstrafe verurteilt wurde.

2000 heftete sich die Deutsche Post friedlich an Zuckers Fährten und schickte in einer spektakulären Werbeaktion rund 2.000 Briefe und Karten privater Absender mit Jahrtausendwünschen ins All.

Am Nordufer des Überlinger Sees, unweit von Meersburg, findet sich die Gemeinde Uhldingen-Mühlhofen. Der interessierte Besucher kann sich hier im Pfahlbaumuseum Unteruhldingen über das Leben der Menschen im Bodenseeraum während der Steinzeit informieren. Das Freilichtmuseum präsentiert zahlreiche archäologische Funde sowie imposante Nachbauten von Pfahldörfern aus der Urgeschichte der Menschheit. Auch Fans der TV-Reality-Serie „Steinzeit – Das Experiment. Leben wie vor 5.000 Jahren" kommen hier auf ihre Kosten. Die für diese Unterhaltungsserie errichteten Pfahlbauten wurden nach Beendigung der Dreharbeiten in das Museum gebracht und in die Ausstellung integriert. Nahe der Wallfahrtskirche Birnau wird einer dunklen Seite der Geschichte der Region gedacht; hier finden sich kurz oberhalb des Schlosses Maurach ein Friedhof und ein Mahnmal für die Opfer des bei Überlingen eingerichteten KZ Aufkirch, einer Außenstelle des KZ Dachau. Die KZ-Gefangenen mussten im sogenannten „Goldbacher Stollen" Zwangsarbeit leisten; sie sollten unterirdische Räume schaffen, in denen die Friedsrichshafener Rüstungsindustrie, vor Bombardements gesichert, die Produktion aufnehmen wollte. Nach Absprache werden auch Führungen durch das Stollensystem angeboten.

Von Uhldingen-Mühlhofen aus lohnt sich ein Abstecher ins Landesinnere, ins Salemertal. Die Gegend wirbt mit dem Slogan „Fernab vom Trubel und doch nah am See" um Besucher, und tatsächlich sind die malerischen Dörfer und idyllischen Landschaften deutlich weniger überlaufen als die Gebiete direkt am Ufer des Bodensees. Zahlreiche Gastwirte bieten hier unter dem Logo „Salemertal – genießen" Gerichte an, die ausschließlich mit lokalen Produkten zubereitet werden – also feine Schlemmereien, die das ökologische und soziale Gewissen nicht belasten. Der Name der Gegend bezieht sich übrigens auf die Reichsabtei Salem. Die Bauherren, Zisterziensermönche, gaben ihrer um 1100 entstandenen Neugründung mit „Salem" den ursprünglichen Namen der Stadt Jerusalem, der auch in der Abrahamserzählung im Alten Testament als Herrschersitz des Königs Melchisedech seinen Platz hat. Ein Besuch des ebenso imposanten wie geschichtsträchtigen Anwesens lohnt sich in jedem Fall.

In der Stein- und Bronzezeit war das Bodenseeufer bei Unteruhldingen bereits besiedelt. Historiker vermuten für die Antike gar eine moderne Hafenanlage.

Gern gesehener Gast: Der Bison hat in der Gemeinde Bodman-Ludwigshafen freundliche Aufnahme gefunden.

Doch nun zurück zum Ufer des Überlinger Sees. In der namensgebenden Stadt Überlingen, gelegen an der engsten Stelle des „Fingers", findet sich das älteste existierende Renaissancegebäude Deutschlands, das Reichlin-von-Meldegg-Haus; es dient heute als Stadtmuseum. Zudem gibt es einen wassernahen, sehr hübschen Wanderweg, auf dem man die bereits erwähnte Wallfahrtskirche Birnau – von Überlingen aus im Osten gelegen – erreicht.

Fast an der „Spitze" des Überlinger Sees findet sich die Gemeinde Sipplingen. Sipplingen bietet einen atemberaubenden Blick auf den See hinaus. Der Flecken liegt an einem Steilufer, das Festland erhebt sich hier von etwa 400 Metern über NN (Bodenseeufer) innerhalb von einer Distanz von nur einem Kilometer bis auf fast 700 Meter (Sipplinger Berg). Viele Besucher lassen sich von der reizvollen Lage zwischen Bergen, Wald und Wasser gern zu einem längeren Verweilen verführen.

Die Gemeinde Bodman-Ludwigshafen bildet den westlichen Abschluss des Überlinger Sees. Hier fügt sich die Burgruine Altbodman malerisch in die sanfte Landschaft ein. Beim jährlichen

Überlingen ist die zweitgrößte Stadt im baden-württembergischen Landkreis Bodenseekreis und ein Zentrum des alemannischen Sprachraumes.

REICHSABTEI SALEM

Die Zisterzienser, benannt nach ihrer ersten Klostergründung im französischen Cistercium (dem heutigen Citeaux) im Jahr 1098, wollten sich von der eitlen Prachtentfaltung der Kirche ihrer Zeit lösen und zu den christlichen Idealen des älteren Benediktinerordens zurückkehren. Ein Leben in der Abgeschiedenheit und spirituellen Versenkung sollte Seite an Seite mit harter körperlicher Arbeit zum Heil führen.

Wer heute die Reichsabtei Salem besucht, mag sich zuerst fragen, wie die asketischen Ideale zu einer solchen, nun, weltlichen Prachtentfaltung führen können. Kostbarer Alabaster, reiche Verzierungen, Strenge und Überfluss prägen das Münster. Allerdings sah der Ort im 12. Jahrhundert wahrscheinlich etwas anders aus. Das ursprüngliche Kloster wurde vermutlich um 1100 gegründet und 1142 zur Reichsabtei. Da die Mönche den Kaiser daraufhin beherbergen mussten, wenn ihn seine Reisen in die Gegend führten, war eine gewisse Repräsentationsfähigkeit geboten. Dank Zuwendungen der Stauferkaiser konnte die Reichsabtei auf ihrem ständig wachsenden Grund um 1200 einen bedeutenden Überschuss erwirtschaften. Salem wuchs fortan schnell zu einem der reichsten Klöster der Gegend heran. 1615 wurde die Anlage, deren Äbte inzwischen sogar an den Reichstagen teilnahmen, im feudalen Stil neu gestaltet, 1697 brannte sie fast komplett ab. Der Neubau durch Franz Beer streicht deutlich den Machtanspruch Salems heraus. Salem wurde so zu einem Zentrum des Rokoko. Großartiger Ausdruck dieser künstlerisch-populistischen spirituellen Werbeaktion ist die Wallfahrtskirche Birnau. 1803 wurden dann die Besitztümer der geistlichen Reichsstände aufgelöst. Das Anwesen ging in den Besitz der Markgrafschaft Baden und des Markgrafen über. 1920 wurde in Teilen des jetzt „Schloss Salem" genannten Anwesens ein Internat eingerichtet, das heute noch als hochangesehene Privatschule funktioniert.

Ein kleiner Teil des Klosters ist heute Besuchern zugänglich, zudem werden Führungen durch weniger öffentliche Teile der Einrichtung angeboten. Auf dem Gelände finden sich auch mehrere Themenmuseen, darunter ein Feuerwehrmuseum – immerhin investierte Salem nach dem großen Brand von 1697 auch in die damals modernsten Methoden der Brandbekämpfung.

Seefest im August kann man beim Oldtimertreffen auch Relikte aus der moderneren Vergangenheit bestaunen. Hungrige Besucher, die sich auf den Weg zur nahen Vesperstube Bodenwald (Richtung Liggeringen den Berg hinauf) machen, können auf den umliegenden Weiden Bisons grasen sehen. Die Tiere werden hier gezüchtet und verleihen der süddeutschen Landschaft einen recht ungewohnten Akzent – und dienen als Erinnerung daran, dass der nah verwandte Wisent (auch „europäischer Bison" genannt) einst über fast ganz Europa verbreitet war und in der jüngeren Vergangenheit nur durch menschliche Anstrengungen der Ausrottung entgangen ist.

Unweit findet sich auch die Marienschlucht. Tief und steil schneidet sie sich ihren Weg zum Überlinger See hinunter. Ihr Name bezieht sich übrigens historisch nicht auf die Jungfrau Maria, wie man annehmen mag, sondern auf den Namen der Braut des Frei-

Umrahmt von der 1993 errichteten Imperia und dem Konzilshaus, aus dem am 11. November 1417 „Habeum papam" verkündigt und somit das Abendländische Schisma beendet wurde, fahren die Linienschiffe und Yachten im Minutentakt ein und aus.

WEISSE FLOTTE

Der Bodensee ist einer der größten Seen Mitteleuropas; das gibt keine geeigneten Superlative her. Gegenwärtig besitzt er aber mit mehr als 60 (offiziell, nicht privat genutzten) Schiffen die größte europäische Binnenflotte – was auch bedeutet, dass es auf dem Bodensee zwischen den verschiedenen Schiffen schon mal eng werden kann. Aber Scherz beiseite: Die Schifffahrt war schon immer ein wichtiges Wirtschafts- und Kulturelement auf dem Bodensee. Die „Lädinen" – Segelschiffe, die das Bild der europäischen Binnenschifffahrt vom Mittelalter an prägten – wurden im Laufe des 19. Jahrhunderts langsam von den Dampfschiffen verdrängt; diese wiederum wichen im 20. Jahrhundert den Motorschiffen. Der einzige noch existierende Schaufelraddampfer, die „Hohentwiel", wird vom österreichischen Fußach aus betrieben. Die Gesamtheit der öffentlichen Schiffslinien wird etwa seit Mitte des letzten Jahrhunderts „Weiße Flotte" genannt, wegen des typischen weißen Anstrichs der Schiffe.

Traditionell wurde der Schiffsverkehr im 20. Jahrhundert größtenteils von den Bahnunternehmen der einzelnen Staaten betrieben (die Schweiz bildet hier eine Ausnahme, die „Schweizerische Schifffahrtsgesellschaft Untersee und Rhein" beispielsweise war immer eine speziell auf die Schifffahrt ausgerichtete Aktiengesellschaft). Im Zuge der europäischen Privatisierungs- und Neuordnungswelle Ende des 20. Jahrhunderts wurde die „Bodensee-Schiffbetriebe GmbH" nach 179 Jahren aus der Deutschen Bundesbahn ausgegliedert. Die Stadtwerke in Konstanz konnten übernehmen. Kuno Werner zeigte sich im Mai 2003 als neues Gesicht der Bodensee-Schiffsbetriebe GmbH (BSB). Die Österreichischen Bundesbahnen haben ihren Bodensee-Schifffahrtszweig im Jahr 2005 an die „Vorarlberg Lines" veräußert; eine Entscheidung, die in der Bevölkerung nicht unumstritten war. Die wichtigsten ganzjährig befahrenen Strecken sind: Friedrichshafen–Romanshorn, Allmannsdorf–Meersburg, Konstanz–Friedrichshafen und Überlingen–Walhausen. Ausnahmen werden eigentlich nur im Fall einer „Seegfrörne" gemacht. Während der Sommermonate gibt es ein reiches Angebot an zusätzlichen Fahrten.

herrn von Othmar, der Gräfin Maria von Walderdorff. Die Schlucht wurde während der Verlobung der beiden blaublütigen Liebenden erschlossen und daher von den zuständigen Stellen gehorsamst Maria-Schlucht benannt. Der Umstand aber geriet bald in Vergessenheit, und der Name Marienschlucht setzte sich durch. Nach umfangreichen Sicherungsarbeiten, die durch starke

Regenfälle im Jahr 2005 nötig wurden, ist die Schlucht seit Mai 2008 wieder begehbar.

Wer sich im Frühling bei gutem Wetter von Westen her der Stadt Konstanz nähert und auf den Überlinger See hinaus schaut, der sieht die „Blumeninsel" Mainau in ihrer ganzen floralen Pracht als grünes Juwel des Bodensees erstrahlen. Der frühere Sommersitz des badischen Herzogs Friedrich I. wurde von dessen Hofgärtner in ein Paradies für einheimische und exotische Pflanzen verwandelt; bereits der vorherige Besitzer, Fürst Nikolaus von Esterházy, hatte seltene Pflanzen auf der Insel angesiedelt. Begünstigt durch das milde Klima des Bodensees gedeihen auf „der Mainau" Palmen und andere Gewächse, die man eher weiter im Süden vermuten würde. In den 30er Jahren des letzten Jahrhunderts setzte der schwedische Graf Lennart Bernadotte, der durch Erbschaft in den Besitz der Insel gelangt war, das Projekt von Esterházy und Friedrich I. fort und verwandelte Mainau endgültig in ein Garten- und Touristenparadies. Heute besucht jedes Jahr über eine Million Menschen die Insel, auf der sie sich an der reizvollen Landschaft, zahlreichen Kunstgegenständen, historischer Architektur und auch an den farbenfrohen Schmetterlingen im Schmetterlingshaus erfreuen. Bereits seit 1961 arbeitet die „Blumeninsel Mainau GmbH", die als das größte touristische Unternehmen am Bodensee gilt, nach umweltfreundlichen Prinzipien.

Konstanz schließt den deutschen Hoheitsraum am Südufer des Obersees ab. Die größte Stadt am Bodensee beherbergt über 80.000 Einwohner und grenzt direkt an die Schweizer Stadt Kreuzlingen – tatsächlich verläuft die Grenze hier teilweise direkt zwischen Häusern hindurch; in der in den 60er Jahren durch Aufschüttung entstandenen, „Klein-Venedig" genannten Siedlung in der Konstanzer Bucht wurde der Grenzzaun 2006 abgerissen und durch die Kunstgrenze Konstanz/Kreuzlingen ersetzt. Die Trenn- oder Berührungslinie zwischen Deutschland und der Schweiz wird nun durch Skulpturen des Künstlers Johannes Dörflinger beschrieben, die den Hauptmotiven des Tarotspiels nachempfunden sind (nebenbei: Es handelt sich hier um die erste internationale Skulpturengrenze der Welt). Die Aktion ist ein Symbol für das freundschaftliche Zusammenleben und -wachsen der Länder und Regionen am Bodensee.

Die Altstadt von Konstanz glänzt mit historischer Bausubstanz. Konstanz blieb im Zweiten Weltkrieg von Bombenangriffen verschont.

Linke Seite *Eines der letzten Relikte der Stadtmauer ist der klobige Rheintorturm. Sein Bruder, der Pulverturm, ist ebenfalls erhalten.*

In der Geschichte der Stadt Konstanz haben die zahlreichen Begegnungen zwischen Völkern, Kulturen und Ideen immer eine wichtige Rolle gespielt; Kelten und Römer siedelten hier abwechselnd, und im Mittelalter wurde die Stadt zu einer wichtigen Station im Handel zwischen den deutschen und italienischen Gebieten (Konstanz hatte die damals einzige Brücke über den Rhein in der Region unter Kontrolle) sowie zu einem Zentrum des christlichen Glaubens. Entsprechend wurden in Konstanz zahlreiche christliche Sakralbauten errichtet, darunter die Kapelle des Heiligen Grabes oder Mauritiusrotunde, die eine frühgotische Sandstein-Nachbildung der Rotunde in der Grabeskirche von Jerusalem beherbergt. 1414 bis 1418 fand in Konstanz ein Kirchenkonzil statt, bei dem es zur einzigen Papstwahl (Martin V.) diesseits der Alpen kam; zudem wurde Rom als Sitz des Papstes bestimmt, womit das katholische Schisma beendet wurde. Brachte Konstanz also Freude und Eintracht für die Christen Europas? Leider nur für die „rechtgläubigen", denn während des Konzils wurden auch der tschechische Reformator und Kirchenrebell Jan Hus, der Begründer der Hussitenbewegung, und der mindestens ebenso radikale böhmische Gelehrte Hieronymus von Prag, der Hus zu Hilfe kommen wollte, als Ketzer verurteilt und verbrannt (1415). Die Bluttat und die har-

INTERNATIONALE BODENSEEKONFERENZ (IBK)

Im Jahr 1972 wurde die IBK gegründet, um den Bodensee-Anrainern eine gemeinsame Plattform zur Koordination in der Frage des damals drängenden Problems des Gewässerschutzes zu bieten. Bereits 1979 begann die Organisation, sich auch weiteren Aufgaben in der Koordination der Bildungs- und Wirtschaftsentwicklung zu widmen. 1994 wurde ein zentrales Büro in Konstanz eingerichtet, das den Bürgern der Region und anderen interessierten Parteien als Anlaufstelle dient. Die Niederlassung unterstützt die Öffentlichkeitsarbeit der IBK, informiert über die Region und die dort zur Verfügung stehenden Förderprogramme und vieles mehr.

Neben der erfolgreichen Stabilisierung der Wasserqualität des Bodensees geht auch die Internationale Bodensee-Hochschule (IBH) auf eine Initiative der IBK zurück. Im Rahmen der Initiative können Studierende die Einrichtungen der verschiedenen Hochschulen länderübergreifend verwenden. Das wahrhaft internationale Projekt ermöglicht den Studenten der Bodenseeregion sogar den Zugang zur im Jahr 2000 gegründeten Swiss German University in Bumi Serpong Damai, Indonesien.

ten, konservativen Ansichten des Papstes Martin V. führten schließlich zum Hussitenkrieg. Nicht nur christliche Reformer, auch die jüdischen Bürger der Stadt wurden immer wieder verfolgt; während der Novemberpogrome 1938 wurde die Konstanzer Synagoge zerstört. Seit dem Ende des letzten Jahrtausends gibt es allerdings wieder eine kleine Synagoge in Konstanz. Ein Mahnmal nahe dem Standort der alten Synagoge erinnert an die ermordeten jüdischen Bürger der Stadt. Im Jahr 2001 hat in Konstanz auch eine Moschee ihre Pforten geöffnet; aus dem früher hauptsächlich katholisch-christlich geprägten Charakter der heute als liberal-konservativ eingestuften Stadt wird langsam ein multireligiöser. Auch Jan Hus wird inzwischen mit einem Museum geehrt.

Fußgänger können in der Konstanzer Altstadt viele historische Gebäude bewundern; im Stadtteil Paradies finden sich auch einige reizvolle Jugendstilensembles. Konstanz ist seit 1966 zudem stolzer Standort der südlichsten Universität Deutschlands; das Gebäude ist vom optimistisch-futuristischen Stil der Zeit geprägt und bietet Besuchern, Studenten und Passanten sozusagen einen Einblick in die „Vergangenheit der Zukunft". Wem so viel urbane Kultur am Bodensee zu viel wird, der entflieht im nahen Wollmatinger Ried dem Stadttrubel; das Naturschutzgebiet erstreckt sich zwischen Ober- und Untersee in der Gemeinde Reichenau. Hier können zahlreiche Vogelarten und auch die immer fleißigen Biber in einer reizvollen Landschaft beobachtet werden. Der Naturschutzbund Deutschland e. V. (NABU) unterhält im ehemaligen Bahnhof Reichenau ein Informationszentrum und bietet Führungen an.

Die heutige Pfarrkirche des Konstanzer Münsters ist eines der vielen Wahrzeichen der Bodenseemetropole. Bis 1821 diente sie den Bischöfen von Konstanz als Kathedrale.

VON ALLENSBACH BIS ÖHNINGEN

Bei Konstanz fließt der Obersee in den Seerhein; die Kilometrierung des Rheins beginnt bei der alten Konstanzer Rheinbrücke. Dieser Umstand unterstreicht die Bedeutung von Konstanz als „Tor zum Bodenseeraum" und als „Kilometer 0" der wirtschaftlich und geschichtlich bedeutenden Rheinschifffahrt. Hier beginnt im Sprachgebrauch auch der Seerhein, durch den die fließenden Wassermassen des Bodensees die vier Kilometer bis zum Untersee zurücklegen. Entlang des Seerheins ist das Kloster Petershausen in Konstanz sehenswert; im Anschluss an das Stadtgebiet ist das Ufer des Seerheins unbefestigt und bietet verschiedentlich Möglichkeiten zum „wilden" Baden an.

Der Seerhein, hier bei Konstanz (links ist der Pulverturm zu sehen), verbindet den Ober- mit dem Untersee und markiert eine Strecke weit auch die Grenze zwischen Deutschland und der Schweiz.

Der Bodanrück – eine Hügelkette auf der Halbinsel, die den Überlinger See (und damit den Obersee) vom Untersee trennt – stellt eine weitere natürliche Grenze zwischen den beiden Wassermassen dar. Durch die oft bedeutende Erhebung über das Seeniveau bieten sich vom Bodanrück aus immer wieder atemberaubende Ausblicke über beide Seen; zudem eignet sich das kaum zersiedelte Gebiet ideal zum Wandern. Beim hübschen Mindelsee in der Gemeinde Allensbach – der Ort Allensbach selbst liegt am Ufer des Untersees, die Gemeinde aber erstreckt sich über die gesamte Breite der Halbinsel – findet sich der „Wild- und Freizeitpark Bodanrück", zu dessen Attraktionen zahlreiche Wildfreigehege sowie ein Abenteuerspielplatz für Kinder gehören.

Auch wenn der Obersee dem kleineren Untersee in Sachen geschichtlicher Bedeutung, Stadtgröße, Besucherzahlen und Seesuperlative im Allgemeinen die Show stiehlt: Die größte Insel im Bodensee liegt im Untersee, direkt gegenüber der Mündung des Seerheins in den Untersee. Reichenau bringt es immerhin auf eine Fläche von 4,3 km²; seit 1838 ist es durch einen Damm mit dem Festland verbunden, im Jahr 2000 wurde das Eiland zum UNESCO-Weltkulturerbe erklärt. Die Insel ist noch immer landwirtschaftlich geprägt und nur mit Streusiedlungen ohne eigentlichen Ortskern besiedelt.

Geschichtlich bedeutend ist das hier heimische Kloster Reichenau; es konnte dank einer Schenkung durch den fränkischen Hausmeier Karl Martell im Jahr 724 vom heiligen Pirmin als Benediktinerabtei gegründet werden und sollte der Christianisierung der heidnischen Alemannen dienen. Die Herkunft des Gründers selbst ist ungewiss, allerdings weisen einige Umstände auf Irland hin. Wegen politischer Spannungen musste Pirmin die Abtei schon nach wenigen Jahren wieder verlassen. Dem Kloster Reichenau gelang schnell die Einrichtung einer umfassenden Bibliothek. Damit erfüllte das Kloster nicht nur eine der Ordensregeln der Benediktiner, sondern legte auch den Grundstein für eine reiche spirituelle Diskussionskultur. Auch pflegte man hier, in der damaligen Zeit durchaus keine Selbstverständlichkeit, die Volksnähe und übersetzte zahlreiche lateinische Texte ins Althochdeutsche. Da viele Buchkopien im Kloster direkt hergestellt wurden, konnte sich Rei-

LUNGEN-ENZIAN

Der Lungen-Enzian ist eine ursprünglich weitverbreitete Art der Gattung Enziane, eine bis zu 40 cm hoch wachsende Pflanze mit länglichen, trichterförmigen Blüten. Im letzten Jahrhundert ist er allerdings durch die massive Intensivierung der Landwirtschaft und durch die Trockenlegung von Feuchtgebieten im europäischen Raum stark zurückgegangen; in Deutschland gilt der Lungen-Enzian als gefährdet. Dank neuer, betreuter Naturschutzgebiete verbreitet sich die hübsch anzusehende Blume allerdings wieder, so auch im Bodenseeraum, wo der kundige Wanderer – mit einer gehörigen Portion Glück – auch auf den Ameisen-Lungenenzian-Bläuling treffen kann. Dieser Schmetterling ernährt sich fast ausschließlich vom Lungen-Enzian und wird in Deutschland als stark gefährdet eingestuft; er findet sich fast nur noch im Alpenvorland und in der norddeutschen Heidelandschaft. In beiden Gegenden lebt auch die Knotenameise, die der listige Schmetterling dazu bringt, seine Raupen aufzusammeln und in ihrem Nest den Winter über zu füttern und aufzuziehen. Im Sommer müssen die geschlüpften Schmetterlinge dann rasch aus dem Bau fliehen, um ihr Blau vor den getäuschten Ameisen zu retten und in die wartende Welt zu tragen ... Im Jahr 2002 wurden im Naturschutzgebiet Wollmatinger Ried zahlreiche Eier dieses speziellen Bläulings auf zehn Lungen-Enzian-Pflanzen nachgewiesen; eine kleine Sensation für die Umweltschützer der Gegend und ein Zeichen der Hoffnung für den Ameisen-Lungenenzian-Bläuling, den Kuckuck unter den Schmetterlingen.

chenau auch einen Ruf als wichtiges Zentrum der deutschen Buchmalerei erwerben. Ab dem 10. Jahrhundert produzierte die „Reichenauer Malerschule" üppig illustrierte Kodizes, sakrale Bücher, die als Auftragsarbeiten ihren Weg in die geistlichen Zentren ganz Europas fanden. Durch die Säkularisierung gingen Kloster und Bibliothek im Jahr 1803 an Baden über; inzwischen befindet sich die wertvolle Handschriftensammlung des Klosters in der Badischen Landesbibliothek in Karlsruhe. Dennoch empfiehlt sich bei einem Besuch ein Abstecher zu den bestimmenden Sakralbauten der Insel; immerhin gilt die Architektur der Gebäude als beispielhaft für den hochmittelalterlichen Klosterbau. Die drei Kirchen der Insel sind auf die Streusiedlungen Ober-, Mittel- und Niederzell verteilt; besonders zu empfehlen ist ein Besuch bei St. Georg in Oberzell, wo monumentale Wandmalereien zu bestaunen sind. Zudem sollte man die zwei Schlösser der Insel (Windegg und Königsegg) und die fantastische Aussicht vom höchsten Punkt der Insel, der Hochwart, nicht verpassen.

Doch nun zurück aufs Festland, auf die andere Seite des Gnadensees, wie der Untersee zwischen der Insel Reichenau und der Gemeinde Allensbach genannt wird. Der Ort Allensbach gehörte ursprünglich zum Kloster Reichenau und besaß im Mittelalter Stadtrechte; durch die wiederholte Zerstörung und Plünderung im Dreißigjährigen Krieg wurde die Stadtentwicklung allerdings zurückgeworfen, und Allensbach geriet weitgehend in Vergessenheit. Heute ist Allensbach durch das 1947 von der Berlinerin Elisabeth Noelle-Neumann gegründete Institut für Demografie (IfD) bekannt; Noelle-Neumann lernte 1937 in den USA moderne Demoskopieverfahren kennen und gilt als Pionierin der Demoskopie in der BRD. Mit dem IfD gründete sie (zusammen mit ihrem Mann Erich Peter Neumann) das erste deutsche Meinungsforschungsinstitut. Allerdings ist die Trägerin des Großen Bundesverdienstkreuzes aufgrund ihrer Vergangenheit nicht ganz unumstritten; sie wurde im Dritten Reich von Joseph Goebbels, für dessen Vorzeige-Wochenzeitschrift „Das Reich" sie schrieb, anfänglich gefördert und unterstützte zumindest zeitweise in ihren offiziellen Schriften die Weltsicht der Nazis. Obwohl „Das Reich" sie schließlich entließ, wurden sie und ihre Schriften in den 90er Jahren heftig diskutiert; nach eigenen Angaben wurde Noelle-Neumann ab 1940 zur Gegnerin des Nationalsozialismus.

Das Kloster Reichenau: Der Hausmeier Karl Martell schenkte es dem Benediktinerabt Pirmin, um die Christianisierung der Alemannen zu fördern. Heute beherbergen die heiligen Mauern eine Zweigstelle der Badischen Landesbibliothek.

Rechte Seite *Das Langhaus des Marienmünsters glänzt mit einem bemerkenswerten Dachwerk aus dem Jahre 1240. Ursprünglich war die hölzerne Pracht hinter Putz verkleidet.*

Der Kurort Radolfzell ist Kreisstadt und hat den höchsten Turm der Bodenseeregion zu bieten. Auch Krimiregisseur Helmut Metzger („Agathe kann's nicht lassen") ist ein Sohn der Stadt.

Doch nun wollen wir weiter das Ufer des Untersees entlangreisen, in Richtung Westen. Markelfingen, ein früher auch zum Kloster Reichenau gehöriger Ort, bildet heute sozusagen das Portal zur großen Kreisstadt Radolfzell. Die wechselhafte Geschichte Radolfzells ist typisch für das Bodenseegebiet: Der 1415 zur Reichsstadt erhobene Ort wurde 1455 von Österreich übernommen. 1609 wurde Radolfzell Sitz des Ritterkantons Hegau, 1806 kam Radolfzell dann zu Württemberg, nur um 1810 an Baden weitergereicht zu werden. Die Stadt ist heute der stolze Standort des Max-Planck-Instituts für Ornithologie. Die Ortswahl kommt nicht von ungefähr: Die im Osten der Stadt in den Untersee hineinragende Halbinsel Mettnau ist ein bedeutender Brutplatz für Wasservögel. Hier wurde bereits 1926 ein kleines Naturschutzgebiet eingerichtet; seine heutige Dimension erhielt es erst im Jahr 1984. In Radolfzell darf man übrigens auch auf den Kirchturm des lokalen Münsters stolz sein, der mit 82 Metern der höchste seiner Art am Bodensee ist.

Südlich der Halbinsel Mettnau liegt der Zeller See genannte Teil des Untersees. Er bildet eine große Bucht, an deren nördlichem Ende sich Radolfzell befindet. Von Radolfzell aus etwas weiter das Ufer entlang beginnt die Halbinsel Höri. Für die Herkunft des Namens „Höri" gibt es zwei Geschichten: Die einen behaupten, dass Gott am Ende der Schöpfungsanstrengung hier angekommen war und, als ältester aller Seealemannen, sagte: „Jetzt hör i uff"; andere behaupten, die Region war einfach zum Bistum Konstanz gehörig und war demnach ein „Höri", wie im Mittelalter in der Region oft „hörige" Herrschaftsgebiete genannt wurden. Wie dem auch sei, wer es deftig mag, der kommt in der nahen Gemeinde Moos auf seine Kosten. Hier findet jeden ersten Oktobersonntag das „Büllefest" statt. Als „Bülle" wird die lokale Zwiebel bezeichnet; dementsprechend gibt es Zwiebelkuchen und Zwiebelsuppe satt, als Mitbringsel für die lieben Zuhausegebliebenen kann man auch geflochtene Zwiebelsträucher erwerben.

Die Gemeinde Gaienhofen bildet den Abschluss des Zeller Sees. Hier gibt es gleich zwei Häuser mit Erinnerungen an berühmte deutsche Kulturschaffende zu besuchen: Das Herman-Hesse-Haus wurde im Auftrag des Schriftstellers 1907 errichtet; bis 1912 bewohnte er das Anwesen mit seiner Familie. Im stillen Gaienho-

fen verfasste Hesse die Romane „Unterm Rad" und „Gertrud",
bevor es ihn erst in die Welt hinaus und schließlich nach Bern zog.
Auch Otto Dix hatte an dem Leben in der Beschaulichkeit Gefallen
gefunden. Der Maler bewohnte von 1936 bis zu seinem Tod 1969
ein Haus in Hemmenhofen, heute ein Stadtteil von Gaienhofen.
Das Haus beherbergt mittlerweile ein Otto-Dix-Museum mit
wechselnden Ausstellungen. Dix liegt auf dem Friedhof im Ort
begraben. Wer am Bodensee eher das Naturerlebnis sucht, der verwendet den lokalen Vogelerkundungsweg der NABU zur Erfor-
schung der Bodenseenatur.

Am südlichen Ende des deutschen Untersees, direkt an der Grenze
zur Schweiz, liegt die Gemeinde Öhningen, die größte Gemeinde
auf der Halbinsel Höri. Hier ist die evangelische Petruskirche in

EISTAUCHER

Der Eistaucher, auch als „Gavia immer" bekannt, ist ein Wasservogel von ca. 70 cm Größe. Man kann ihn während der Brutzeit an seinem völlig schwarzen Kopf, dem schwarzen Schnabel und dem schwarz-weiß gestreiften Halsband erkennen – außerhalb der Brutzeit lässt der Eistaucher sich gehen und nimmt eine eher bräunliche Farbe an. Der Eistaucher ist der Nationalvogel Kanadas, wo er unter anderem auch auf der 1-Dollar-Münze prangt, wird aber zuweilen auch im Bodensee beobachtet. Dank der gemäßig- ten Temperaturen finden zahlreiche Vogelarten, dass der Bodensee ein toller Ort zum Überwintern ist. So auch der Eistaucher, der im Winter zuweilen auch an der westeuropäischen Küste zwischen Norwegen und Portugal beobachtet werden kann. In dieser Zeit ist kommt er allerdings, leider, meistens eher bräunlich daher – kein Wunder also, dass er die Bodenseebewohner nicht ganz so sehr beeindruckt hat wie die Kanadier.

Kattenhorn durchaus einen Besuch wert; drei ihrer Fenster hat der Künstler Otto Dix gestaltet. Interessant ist auch ein Besuch im Museum Fischerhaus, das in einem auf 1604 datierenden Fachwerkhaus beheimatet ist und archäologische und paläontologische Sammlungen zeigt. Immerhin wurden in der Gegend die Überreste einiger jungsteinzeitlicher Siedlungen gefunden. Eine besonders eigentümliche Geschichte haben die Überreste eines Riesensalamanders, die 1726 von einem Züricher Stadtarzt fälschlicherweise als die sterblichen Reste eines in der Sintflut ertrunkenen „armen Sünders" interpretiert wurden und als Beweis für die wörtliche Interpretation der Bibel dienen sollten. An der deutsch-schweizerischen Grenze im Südwesten des Untersees verengt sich der See nun zum Rhein.

ALEMANNISCH: SPRACHE ODER DIALEKT?

Der Bodensee liegt im Verbreitungsraum des Alemannischen, eines deutschen Dialekts mit ca. 10 Millionen Sprechern. In den Worten der alemannischen Wikipedia: „I de Schwyz kennt mers als Schwyzerdütsch, i Frankriich heisst Elsässerditsch en Bada Wirtemberg z'Deutschland hoisst mer se Schwäbisch und Badensisch. Mer cha vieli Untrdialekt finde – 's isch sogar vo Dorf zu Dorf nit gliich." Verstehen Sie das? Falls nicht, handelt es sich dann etwa nicht um einen Dialekt, sondern um eine eigenständige Sprache? Diese Auffassung vertritt z. B. die UNESCO. Das Argument: Menschen, die nur Hochdeutsch oder einen anderen deutschen Dialekt sprechen, haben meist große Schwierigkeiten, alemannische Dialekte zu verstehen. Deutsche Sprachwissenschaftler argumentieren anders und weisen gern darauf hin, dass die meisten deutschen Dialekte in ihrer reinen, nicht ans Hochdeutsch angepassten Form von Sprechern anderer deutscher Dialekte kaum verstanden werden. Zudem fügt sich das Alemannische reibungslos in das Kontinuum der deutschen Dialekte ein. Da das Deutsche eine aus sehr verschiedenen Sprachen entstandene Standardsprache ist, die einen gewaltigen kulturellen und sprachlichen Raum abdeckt, sehen deutsche Linguisten meist nur Standard- oder Ausbausprachen – also solche, die so hoch entwickelt wurden, dass sie für anspruchsvolle Zwecke (Sachprosa etc.) verwendet werden können und einen gewissen Grad an Normierung (Grammatik) aufweisen – als eigenständige Sprachen an.

Rechte Seite *Ein Baum, ein Paar, ein Schiff – die klassiscne Szenerie am Bodensee-Ufer.*

Das Hotel Reutemann am Hafen von Lindau am Bodensee verbreitet fast italienische Stimmung im bayerischen Regierungsbezirk Schwaben. Lindau liegt am östlichen Ufer des Bodensees im Dreiländereck.

Wie der Rücken einer Schildkröte lugt Lindaus Altstadt aus dem Bodensee. Nach den Napoleonischen Kriegen erfolgte 1824 ihre Anbindung an das Schifffahrtsnetz.

Fast vollständig erhalten ist die Rokoko-
Einrichtung des Klosters Unserer Lieben
Frauen unter den Linden. Johann Caspar
Bagnato gestaltete das Gotteshaus ganz
nach dem Zeitgeschmack heiter und
beschwingt.

Idyll am Lindauer Ufer. Entspannung
bei Kaffee und Kuchen. Der Mangturm
bewacht die Szenerie.

Karibisches Flair verbreitet ein Sonnenuntergang wie dieser vor den Ufern Lindaus, das seine bewaldeten Arme wie Finger in den See zu strecken scheint.

Die Linien der Bodensee-Schiffsbetriebe und mancher Badewannenkapitän gehen im Hafen Langenargen vor Anker. Kein Wunder, liegt der Ort doch für Segelfreunde ideal auf einer weit in den Bodensee hineinragenden Landzunge. Der benachbarte Yachthafen Langenargens ist gar der zweitgrößte des Bodensees und zählt 750 Liegeplätze.

Das historische Strandbad in Bad Schachen, einem Stadtteil von Lindau, präsentiert sich mit einem alten Baumbestand, schöner Liegewiese und einem gemütlichen Café. Die Anlage liegt inmitten des Lindenhofparks. In den Goldenen Zwanzigern traf sich hier selbst die feine Gesellschaft.

Uferpromenade am Schloss Montfort in Langenargen: Neben dem Garten mit seiner imposanten Konzertmuschel lädt die nahegelegene Uferpromenade zu Spaziergängen vor idyllischer Kulisse ein. Besucher wie der Mann aus Bronze bleiben gar für immer.

Langenargens Wahrzeichen, Schloss Montfort, blieb seinem Schöpfer unbekannt: König Wilhelm I. von Württemberg konnte die Fertigstellung seines Lustschlosses nicht mehr erleben, nach 1864 führte sein Sohn Karl das Bauprojekt zu Ende.

Aussichtsturm Friedrichshafen: Die Stadtarchitekten nennen ihn ein „vertikales städtebauliches Element definiert mit seinem horizontalen Gegenüber, der Überdachung am Molenkopf". Eine Besteigung lohnt sich trotzdem, der Blick hinab ließ indessen schon manchen Besucher taumeln.

Linke Seite Die Zeppelinsäule ist das Wahrzeichen Friedrichshafens. Toni Schneider-Manzell (1911–1996) schuf die 13 m hohe Säule im Jahr 1985. Die Inschrift zitiert den Meister der Luftfahrt selbst: „Man muss nur wollen und daran glauben, dann wird es gelingen."

Hagnau ist eine Stadt der kulinarischen Genüsse. Doch das Örtchen verwöhnt seine Gäste nicht allein mit seinen berühmten Weinproben. Abendlicht taucht die Uferpromenade mit ihrem Wassersteg in maritime Farben; ein beliebter Anziehungspunkt für Touristen.

Der Winzerverein Hagnau ist die älteste Genossenschaft in Baden und zugleich die größte am Bodensee. Ein Hagnauer Sonnenufer oder einen Schoppen Hagnauer Burgstall trinkt man am besten in einer der zahlreichen Schenken vor Ort. Im Umland wird auch schmackhaftes Obst angebaut. Für das leibliche Wohl dürfte also gesorgt sein.

Zentral in der Mitte des deutschen Bodenseeufers gelegen, ist Immenstaad der perfekte Ausgangspunkt für Radtouren, Spaziergänge und Ausflüge rund um die Region. Zudem kann man am Ufer des Ortes auch den Nachbau einer Lädine, einer historischen
Lastschiffart, bewundern. Auch das Anker-Monument in Ufernähe zeugt von der Bedeutung der Schifffahrt für den Ort.

Gespenstische Szenerie: Die bereits entlaubten Bäume des späten Herbstes sind stumme Zeugen der auslaufenden Saison. Doch ein Besuch in der Bodenseeregion lohnt sich nicht nur in der warmen Jahreszeit. Auch Herbst und Winter haben hier viel zu bieten, manche meinen sogar, dass der ländliche Charme der Region sich erst im Herbst richtig entfaltet.

*Tradition seit 500 Jahren: Die Wein-
stuben des Hotels Löwen sind historisch
gewachsen. Zwischen dem Zirbelholz
alter Wandverkleidungen genießen
Gäste neben einem guten Schoppen
exzellenten Braten und die Gemüse
der Saison, von Grünkohl über Spargel
bis zum Bärlauch.*

*Wie aus dem Bilderbuch präsentiert sich
die Silhouette von Meersburg seinen
Gästen. Der Panoramablick auf den
Bodensee tut sein Übriges, um die
Mühsal des Alltags vergessen zu lassen.*

Das Neue Schloss Meersburg diente zunächst den Konstanzer Bischöfen als Residenz. Im 19. Jahrhundert wandelte es sich vom Fräulein-Institut zum Amtsgefängnis, dann zur Seemannsschule und wurde schließlich als Badische Taubstummenanstalt genutzt. Das 20. Jahrhundert brachte die Bodenseeschule, die Nachkriegszeit eine französische Truppenunterkunft. Heute stellt man hier unter anderem Gemälde aus.

Linke Seite Meersburgs Gassen atmen die Luft vergangener Jahrhunderte. Das Obertor ist ein prägnanter Treffpunkt für verlorengegangene Touristen.

Die Wallfahrtskirche Birnau ist nicht nur
von außen ein Augenschmaus. Im
Innern schlummern neben dem legendären Birnauer Marienbild sieben Altäre.
Zehn Uhren, darunter drei Sonnen- und
eine Monduhr, verzieren Innenraum und
Außenfassade.

Die Wallfahrtskirche Birnau hat mancher
Pilger einst mit freudigem Herzen nach
einem langen Marsch erblickt. 1749
stellte man sie nach Anleitung des
Vorarlberger Baumeisters Peter Thumb
im Auftrag der Reichsabtei Salem fertig.
Die Nationalsozialisten ließen indessen
1941 die Mönche vertreiben und die
Kirche schließen. 1971 erhob Papst
Paul VI. sie zur Basilica minor.

Die einst stolze Reichsabtei des Zisterzienserordens verwandelten die Markgrafen von Baden 1804 in ein Residenzschloss.

Rechte Seite Bis zum Überlinger See
hinab zieht sich die Marienschlucht.

Vor 5.000 Jahren sollen die Bewohner der Bodenseeuferregion in Pfahlbauten wie diesen gehaust haben. Die Produktion einer TV-Serie machte den Wiederaufbau im neuen Jahrtausend nach den neuesten Erkenntnissen der Ur- und Frühhistoriker möglich.

Linke Seite oben *Bei Wind und Wetter lässt sich der Bodensee oft nur schwer von der Ostsee unterscheiden. Blau-weiß gestrichene Badehäuser verstärken das maritime Flair.*

Linke Seite unten *Gewitterstimmung herrscht am Seeufer von Niederzell.*

Gräfin Bettina Bernadotte ließ 2007 den Künstler Stefan Szczesny die Insel Mainau in ein Gesamtkunstwerk verwandeln.
Sein imposanter Titel: „Ein Traum vom irdischen Paradies".

Linke Seite *Bunte Pracht mit Panorama-*
blick auf der Blumeninsel Mainau

Eine einzigartige Blütenvielfalt macht die Insel Mainau zu einem ganzjährigen Erlebnis für Naturliebhaber. Dank des milden Bodenseeklimas herrschen hier selbst für mediterrane Gewächse beste klimatische Bedingungen. Das 1999 errichtete Palmenhaus bietet darüber hinaus auf 1.200 m² exotischen Pflanzen ein Zuhause.

Folgende Doppelseite Winter auf der Blumeninsel Mainau: Frische Blüten sucht man in den Wintermonaten freilich vergeblich. Doch entschädigen die idyllischen Gestade des Eilandes durch spröde Eleganz. Heute ist die Insel im Besitz der einst schwedischen Adelsfamilie Bernadotte.

Der Barockbaumeister Johann Caspar Bagnato (1696–1757) schuf die imposante Anlage des Mainauer Schlosses.

Der Rebell hinter der Leinwand fand
nicht nur zeitlebens seine Ruhestätte
in Hemmenhofen, hier wurde er 1969
auch begraben. Dix schuf ein Bild
seines Friedhofs, das er sich 1965
rahmen ließ.

*In Gaienhofen am Bodensee finden
Freunde des großen Schriftstellers
Hermann Hesse ein ungewohntes
Zeugnis seines Wirkens. Der Dichter
ließ sich hier selbst ein Haus errichten
nach dem Vorbild der anti-modernis-
tischen Lebensreform-Bewegung.*

Die Insel Reichenau lieg⁻ gut eingebettet in den Untersee. Sie ist mit einer stattlichen Länge von 4,5 km und einer Breite von 1,5 km die größte der drei Bodensee-Inseln.

Ein deutscher See

77

Sonnenuntergang am Ufer von Nieder-zell: Wenn der Abend sich verneigt und die Insel Reichenau sich bettet, treten auch die Skipper ihren Heimweg an.

Es muss nicht immer die rote Rebe sein: Auf Reichenau findet auch der ordinäre Kopfsalat sein Zuhause. Die Blätter der Region sind delikat.

Die St.-Georg-Kirche auf Reichenau, die heute wie ein fallengelassener Bauklotz in der Landschaft steht ist berühmt für ihre monumentalen Wandmalereien aus dem 10. Jahrhundert.

Lichter in der Nacht: Das Konstanzer Seenachtfest ist das größte Volksfest am Bodensee. 100.000 Besucher zählt man jährlich im Konstanzer Trichter. Die außergewöhnlichen Höhenfeuerwerke markieren den Höhepunkt des Festes. Bereits für das Jahr 1507 lässt sich ein erstes Feuerwerk nachweisen. Die historische Tradition nahmen die Stadtväter 1949 wieder auf.

Linke Seite Das Münster Unserer Lieben Frauen in Konstanz wurde 780 erstmals erwähnt und war Schauplatz des Konzils von Konstanz, mit dem das Abendländische Schisma 1413 beendet wurde.

Vorhergehende Doppelseite Die Zeit scheint stehengeblieben auf den Feldern bei Litzelstetten in der Nähe der Bodenseemetropole Konstanz. Bauern bringen ihre Ernte ein wie zu Großmutters Zeiten.

10 m hoch und 18 Tonnen schwer thront
die Imperia aus Beton gegossen über
dem Hafen von Konstanz am Bodensee.
Bildhauer Peter Lenk zeichnet für das
monumentale Meisterwerk verantwortlich, das die Stadtväter 1993 aufstell-
ten. Ein Motor im Innern hilft der drallen
Kurtisane, ihren massigen Körper in nur
drei Minuten einmal um die eigene
Achse zu drehen. Die Statue soll die
biedere Kirchenpolitik persiflieren, die
die Bischöfe von Konstanz hier einst
ausübten. Eine eingebaute Pegelmess-
station verleiht dem Monument dazu
auch noch praktischen Nutzen.

An der alten Konstanzer Rheinbrücke
beginnt mit dem Kilometer „0" die Kilometrierung des Rheins. Schon im Mittelalter verlief an jener Stelle eine der
wichtigsten Verkehrsadern. 1938 ließ
man die dreifeldrige Stahlbrücke errichten, die noch heute eines der berühmtesten Wahrzeichen von Konstanz ist.
Als Hauptverkehrsader wurde sie im Jahr
2000 indessen von der Schänzlebrücke
abgelöst.

Konstanz' Zentrum bleibt der Kaiser-
brunnen auf der Marktstätte. Flanieren,
shoppen, Kaffee trinken – das Leben
ist hier immer rührig.

Folgende Doppelseite Nächtliche Szene-
rien wie diese mögen die Dichterin
Annette von Droste-Hülshoff einst zu
ihren legendären Zeilen ,Was treibst du
denn, unruhiger See?" inspiriert haben.

Ein schweizerischer See

*Der Freiherr von Klinger legte sie
1225 zu militärischen Zwecken an.
Heute lockt in der Burg Hohenklingen
Chefkoch Christoph Saredi mit regiona-
len Spezialitäten und internationaler
Cuisine.*

VON STEIN AM RHEIN BIS GOTTLIEBEN

Nahe der deutsch-schweizerischen Grenze, am Ausfluss des Untersees in den Rhein, liegt das sich über beide Uferseiten erstreckende
Städtchen Stein am Rhein; der Ort besticht durch einen guterhalte-
nen mittelalterlichen Stadtkern mit bemalten Häuserfassaden an
den Bürgerhäusern am Rathausplatz und kleinen, freundlichen
Gassen. Dank der hervorragenden Pflege des alten Stadtbilds wur-
de Stein am Rhein 1972 zum ersten Empfänger des durch den
Schweizer Heimatschutz vergebenen „Wakkerpreis", einer Anerkennung für Anstrengungen im Schutz alter Bauensembles. Im
Museum „Lindwurm" kann man eine komplett eingerichtete „gut-
bürgerliche" Wohnung aus der Mitte des 19. Jahrhunderts erleben.
Auch das Äußere des Gebäudes ist sehenswert; es ist das einzige in
Stein am Rhein vollständig erhaltene Beispiel für den französischen
„Empirestil", der im ersten Abschnitt des 19. Jahrhunderts in den
von Napoleon beeinflussten Gebieten populär war. Ebenfalls sehr
sehenswürdig ist das Klostermuseum St. Georgen; die ehemalige
Benediktinerabtei ist seit 1926 ein Museum und bietet einen interessanten Einblick in das Leben in einer mittelalterlichen Kloster-
anlage. Auf einem Hügel hinter der Kleinstadt liegt die Burg
Hohenklingen, deren Aussehen seit dem Mittelalter weitgehend
gleich geblieben ist; sie war eine Machtdemonstration der Stadt
Zürich, die sich Stein am Rhein als Schutzmacht ausgesucht hatte,
um vor Übergriffen durch die Habsburger sicher zu sein. Ein weiteres interessantes Ausflugsziel in der Nähe ist die alte Propstei
Wagenhausen, deren Gründung bis auf das 11. Jahrhundert zurückgeht.

Wenn man von Stein am Rhein die Seestraße entlang nach Nordos-
ten fährt, erreicht man die Gemeinde Eschenz; der Untersee ist hier
sehr schmal, und bereits die Römer bauten im ersten Jahrhundert
vor Christus an dieser Stelle eine Brücke über den See, die damals
Rätien und Germanien verband. Das Bauvorhaben wurde durch

eine kleine, heute zur Gemeinde gehörende Inselgruppe erleichtert. Die Inselgruppe, Werd genannt, diente dem heiligen Ottmar – der als Gründer des Klosters St. Gallen angesehen wird – im 8. Jahrhundert als Exil; er starb hier am 16. November 759. Etwa hundert Jahre später wurde er heiliggesprochen, und Werd wurde zum Wallfahrtsort. Seit dem 15. Jahrhundert existiert hier zur Pflege des Wallfahrtheiligtums auch ein kleiner Konvent. Auf der inzwischen durch Franziskanermönche gepflegten Insel sind Gäste, die einen geeigneten Ort zur Meditation oder zur Versenkung im Gebet suchen, gern gesehen.

In Mammern finden sich die Ruinen der im 13. Jahrhundert errichteten Neuburg; sie war einst die mächtigste Burg am Untersee, wurde aber 1745 weitgehend abgetragen. Dennoch lassen die beeindruckenden Ruinenreste ahnen, was für ein Koloss sich da einst am Ufer des Bodensees erhob. Auch ein Besuch der Schlosskapelle Mammern lohnt sich: Das Gebäude wurde im 18. Jahrhundert unter der Leitung des Architekten Johann Michael Beer errichtet und im Inneren durch den Maler Franz Ludwig Hermann gestaltet. Die der Marienverehrung gewidmete Kirche entstand im Rahmen der Gegenreformation; um der erfolgreichen Reformationsbewegung ein Gegengewicht zu geben, versuchte die katholische Kirche, durch volksnahe, oft reich ausgestattete Bauten und populäre sakrale Unternehmungen ihre Gläubigen „bei der Stange" zu halten. Die Schlosskapelle Mammern ist ein gutes Beispiel für dieses Kapitel in der europäischen Glaubensgeschichte; die Wallfahrtskirche „Sieben Schmerzen Mariä" im nahen Klingenzell ist ein weiteres.

Der Ort Steckborn, ein Stück weiter entlang des Südufers des Untersees gelegen, ist in der Region für sein Steinhauersymposium bekannt. Das Ereignis verwandelt Steckborn im Sommer in ein Freilichtmuseum. Zudem gilt es, einige hübsche Fachwerkhäuser zu bestaunen.

Im Dorf Berlingen findet sich das Adolf-Dietrich-Haus, ein dem einheimischen Thurgauer Maler gewidmetes Museum. Im Museum sind ein Arbeitsraum sowie einige Gemälde zu besichtigen. Dietrich wurde der Neuen Sachlichkeit zugeordnet; seine Bilder des Bodensees und des eigenen Gartens werden allerdings auch

Das Heimatmuseum von Steckborn grüßt vom Ufer des Bodensees. Steckborn ist das Zentrum des Untersees. 3.500 Einwohner wohnen hier auf einer Fläche von 848 Hektar.

als Beispiele für die Naive Malerei angesehen. Dietrich ließ sich auch gern vom Ziergarten seines Nachbarn, eines Ministers, inspirieren. 1996 wurde dieser Garten auf Betreiben eines interessierten Vereins wiederhergestellt und kann nun vom Museum aus auch wieder eingesehen werden. Wem das alles ein zu kultureller

WASSERQUALITÄT

Die Wasserqualität des Bodensees ist gut – das war aber nicht immer so. Gerade nach dem Zweiten Weltkrieg kam es zu einer teilweise dramatischen Verschlechterung der Wasserqualität von Ober- und Untersee. Deswegen wurde im Jahr 1959 die „Internationale Gewässerschutzkommission für den Bodensee" (IGKB) in St. Gallen gegründet. Im Jahr 1963 stellte die IGKB für den Bodensee eine durch Düngemittelausschwemmungen und zunehmend phosphathaltige Abwässer (Waschmittelkrise) bedingte Eutrophierung, eine Überlastung durch anorganische Nährstoffe, fest. Das Problem trat allerdings nicht nur am Bodensee auf; entsprechend entstanden im Laufe der 70er Jahre überall in Mitteleuropa moderne Kläranlagen. In den 80ern wurden in der BRD Höchstmengen für den Phosphatgehalt der Waschmittel festgelegt, was auch die Entwicklung phosphatfreier Waschmittel vorantrieb. Zudem wurde die Renaturierung der für die „Selbstreinigung" eines Sees wichtigen Ufergebiete energisch vorangetrieben. In den 90er Jahren ging die Phosphatkonzentration fast wieder auf den „natürlichen" Wert zurück; der Bodensee ist nun einmal mehr ein klarer, nährstoffarmer Voralpensee. Dies hat auch Auswirkungen auf die Fischerei: Durch den Mangel an Nährstoffen erreichen die Fische des Bodensees nicht mehr die Größe, die sie während der „fetten", aber ungesunden Jahre hatten – als der Bodensee praktisch ein McDonald's für Fische war. Allerdings nicht für alle: Die empfindliche Seeforelle, deren Bestände in der zweiten Hälfte des 20. Jahrhunderts stark zurückgegangen waren, tritt nun wieder häufiger auf – ein weiteres Indiz für die erfolgreiche Arbeit der IGKB und die gute Wasserqualität des Bodensees, dank derer man so gut wie überall unbedenklich baden kann. Hafengegenden mit Schiffsverkehr ausgenommen, natürlich.

Umgang mit der Natur ist: Berlingen verfügt auch über einen hübschen Panoramaweg, von dem aus sich schöne Aussichten auf den Untersee eröffnen. In der Gegend lohnt sich zudem ein Besuch der über dem Dorf Berlingen gelegenen Ruine Sandegg; von den Resten des 1833 abgebrannten Gebäudes aus hat man einen wundervollen Ausblick auf den Untersee, und auch die Anfang des 20. Jahrhunderts angelegte Gartenanlage um die Ruine herum hat einigen Charme. Wer bei dem Blick über den Untersee Lust bekommt, die Insel Reichenau zu besuchen: Vom nahen Mannenbach aus gibt es in den Sommermonaten einen Fährendienst hinüber zu der größten Insel im Bodensee.

In der Nachbargemeinde Salenstein verbrachte mit dem Kaiser Napoleon III. einer der mächtigsten Männer des 19. Jahrhunderts einen Großteil seiner Jugend. Charles Louis Napoléon Bonaparte war ein Neffe Napoleon I. und von 1852 bis 1870 Kaiser der Franzosen; in der Region wird er werbewirksam der „Kaiser vom Bodensee" genannt. In seine Regierungszeit fielen u. a. die Neugestaltung der Stadt Paris durch den Baron Haussmann und der Deutsch-Französische Krieg, der zur Bildung des Zweiten Deutschen Kaiserreichs und der Pariser Kommune führte. Seine Mutter, Hortense de Beauharnais, hatte das Schloss Arenenberg am Untersee im Jahr 1817 erworben und es im „Pariser Stil" umbauen lassen. Dabei wurde auch der Schlossgarten neu eingerichtet, wobei der Konstanzer Baumeister Johann Baptist Wehrle den Ideen des französischen Philosophen Jean-Jacques Rousseau und des deutschen Landschaftsplaners und Abenteurers Hermann von Pückler-Muskau praktischen Ausdruck gab. Hortense de Beauharnais lebte hier bis zu ihrem Tod im Jahr 1837, Napoleon III. ging nach der Niederlage im Deutsch-Französischen Krieg 1870/71 ins Exil nach Großbritannien, wo er 1873 verstarb. 1906 übergab seine Witwe, die Spanierin Eugénie de Montijo, das Schloss Arenenberg in den Besitz des Kantons Thurgau. Heute erinnert hier das Napoleonmuseum an den auch „die Sphinx" genannten enigmatischen Herrscher; die Schlossanlage wird als Gesamtkunstwerk angesehen und weitgehend im Zustand von 1842 erhalten.

Doch zurück zum Ufer des Untersees. Gegenüber der Insel Reichenau liegt die Gemeinde Ermatingen, die sich aus den Ortschaften Ermatingen und Triboltingen zusammensetzt. Bis zur Eroberung

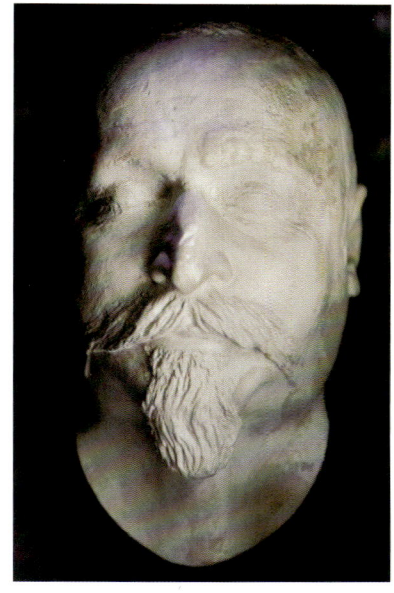

Stolz der Gemeinde Salenstein: Der spätere Kaiser Napoleon III. verbrachte seine Jugend im Kanton Thurgau.

durch die Eidgenossen gehörte das Gebiet zum Kloster Reichenau. Ermatingen hat viele hübsch anzusehende historische Häuser zu bieten; im Gasthof Adler kann man bei gepflegten Speisen trefflich über Geschichte und Literatur nachsinnen; hier sollen schon Prinz Louis Napoléon, Thomas Mann und Hermann Hesse und natürlich der allgegenwärtige Graf Zeppelin lokale Spezialitäten genossen haben. Beliebt bei Sportschützen ist das alljährlich stattfindende „Gangfischschießen"; es ist das größte Winterschießen in der gesamten Schweiz und lockt alle Jahre wieder Gäste aus aller Welt ins winterliche Ermatingen.

Nach Ermatingen fließt der Seerhein in den Untersee; den Fluss entlang in Richtung Obersee findet sich der Ort Gottlieben. Die Geschichte des Fleckens beginnt mit einer Wasserburg, die Eberhard II. von Waldburg, damals Bischof von Konstanz, an der strategisch günstigen Stelle im Jahr 1251 anlegen ließ. Die militärische Anlage diente während des Konstanzer Konzils (1414–1418) zudem als Gefängnis für den tschechischen Reformator Johannes Hus. Im 19. Jahrhundert wurde die Wasserburg zu einem Schloss im neogotischen Stil umgebaut. Es ist heute in Privatbesitz und kann nur von außen betrachtet werden. Anfang des 20. Jahrhunderts siedelte sich der in Friedrichshafen geborene neuromantische Schriftsteller und Dichter Johann Franz Emanuel von Bodman hier an („Der Fremdling von Murten" etc.); sein Haus wurde zur Keimzelle einer kleinen Künstlerkolonie, zu der u. a. auch der auf der anderen Seite des Seerheins wohnende Hermann Hesse Kontakt unterhielt. Das Bodman-Haus beherbergt seit dem Jahr 2000 ein kleines Museum, das die Geschichte des Dichters und der Kolonie erzählt. In dem Haus werden auch Lesungen und andere Veranstaltungen abgehalten. Wenn es gerade mal keine Lesung geben sollte: Das Haus ist auch von außen einen Blick wert und fügt sich schön in das malerische Ensemble der zahlreichen Fachwerkhäuser Gottliebens ein. Den meisten Schweizern ist Gottlieben auch als die Heimat der „Gottlieber Hüppen" bekannt, einer süßen Spezialität. Es handelt sich dabei um mit verschiedenen Füllungen verfeinerte hohle Waffelröllchen mit einem hohen Zuckergehalt – echtes Hüftgold also.

Südöstlich von Kreuzlingen und südlich des Seerheins liegt das Tägermoos, eine sogenannte „unechte" deutsche Enklave, die

Das „Gasthaus zum Löwen"-Schild in Ermatingen zeigt mit dem goldenen Adler ein Kleinod guter alter Schweizer Schmiedekunst.

gemeinsam von der Stadt Konstanz und der angrenzenden Schweizer Gemeinde Tägerwilen verwaltet wird. Die besondere Situation geht auf einen Staatsvertrag aus dem Jahr 1831 zurück, mit dem seit der Schweizer Staatsgründung anhaltende Grenzstreitigkeiten in dem Gebiet beigelegt wurden. Hier befindet sich auch die Zollanlage Tägermoos, ein wichtiger Grenzübergang zwischen den beiden Nachbarstaaten, der seit dem Jahr 2000 die innerstädtischen Grenzübergänge in Konstanz/Kreuzlingen entlastet. In Tägerwilen sind die Ruine des Schlosses Castell sowie ein als Museumsbetrieb erhaltenes Sägewerk sehenswert.

VON KREUZLINGEN BIS ALTENRHEIN

Nun haben wir wieder den Obersee erreicht; auf der deutschen Seite des Seerheins prangt die Stadt Konstanz. Auf der Schweizer Seite liegt die Stadt Kreuzlingen, bis 1874 Egelshofen genannt. Sie bildet den westlichen Abschluss des Schweizer Bodenseeufers. Mit 18.000 Einwohnern ist Kreuzlingen die größte Schweizer Stadt am Bodensee; zudem verzahnt die Stadt sich zunehmend mit ihrer deutschen Nachbarstadt, zumindest inzwischen. Während der nationalsozialistischen Diktatur in Deutschland legten die Schweizer, um auf einen eventuellen deutschen Angriff von Konstanz aus vorbereitet zu sein, militärische Defensivanlagen rund um den Ort herum an. Getarnte Bunker, Panzersperren und andere Wehranlagen bildeten den „Festungsgürtel Kreuzlingen"; die Anlage wurde erst 1999 aufgegeben und ist heute teilweise als Denkmal geschützt. Die Abschottung gegen den aggressiven Nachbarn hatte tiefgreifende Auswirkungen auf den Charakter Kreuzlingens, dessen Geschicke über Jahrhunderte weitgehend von Konstanz aus mitbestimmt wurden. Doch die Verfestigung der Grenzen ab dem Ersten Weltkrieg bedeutete auch eine stärkere Orientierung zu den innerschweizerischen Gebieten hin. Erst in der Neuzeit weichen die europäischen Grenzen wieder auf, und aus den national nach „innen" orientierten Grenzzonen werden wieder Regionen innerhalb des europäischen Kulturkontinuums.

Für Reisende, die sich für das „kosmische" Kontinuum der Welt um sie herum interessieren, lohnt sich ein Besuch in der Sternwarte Kreuzlingen; das 1976 eröffnete Gebäude liegt oberhalb der Stadt und steht jeden Mittwochabend Besuchern offen. Hier erlaubt ein großes Spiegelteleskop den Blick in die Abgründe des Weltalls,

22 Skulpturen von Johannes Dörflinger markieren in Kreuzlingen die Grenze zur deutschen Stadt Konstanz.

während ein Heliostat zur genaueren Beobachtung der Sonne ein-lädt; Sonnenflecken können mit dem Instrument beispielsweise bequem betrachtet werden. Je nach Programm empfiehlt sich auch ein Besuch im Planetarium oder eine Wanderung entlang des „Pla-netenwegs", auf dem die unglaublichen kosmischen Entfernungen zwischen den Planeten unseres Sonnensystems in verkleinertem Maßstab (1:1 Milliarde) zu Fuß abgelaufen werden können. Bei einer gemütlichen Wanderung erreicht man hier (im Maßstab übertragen) etwa die drei- bis vierfache Lichtgeschwindigkeit; ein Kinderspiel, sozusagen, die Raumfahrt. Wer bei der Sonne (direkt neben der Sternwarte gelegen) startet, kann also den Pluto – obwohl diesem der Planetenstatus inzwischen aberkannt worden ist – erreichen, bevor er zu einem kräftigenden Mahl in eine der freundlichen Gaststätten des Orts einkehren muss.

Eine idyllische Kulisse bietet der Untersee in der Nähe der malerischen Orte Triboltingen, Ermatingen und Mannenbach-Salenstein.

Das Sanatorium Bellevue, 1857 als „Privatanstalt für heilfähige Kranke und Pfleglinge aus den besseren Ständen der Schweiz und des Auslandes" auf dem Gebiet des alten Klosters Kreuzlingen gegründet, war lange Zeit wohl die bekannteste aller Kreuzlinger Einrichtungen. Viele prominente Persönlichkeiten zählten zu den Patienten dieser Einrichtung, unter anderem der Schauspieler Gus-taf Gründgens, der Tänzer Vaslav Nijinsky und die als „Anna O." – und damit als erste psychoanalytisch behandelte Patientin – in die Geschichte eingegangene Bertha Pappenheim. Ludwig Binswanger, der Bellevue von 1910 bis 1956 leitete, war ein lang-jähriger Freund Sigmund Freuds und gilt als der Begründer der Daseinsanalyse, einer Mischform aus Psychoanalyse und Existenz-philosophie, die u. a. auf den Gedanken Martin Heideggers auf-baute und, im Gegensatz zur Freud'schen Psychoanalyse, sich nicht nur auf das Unterbewusstsein konzentrierte, sondern den Patien-ten ganzheitlich zu erfassen suchte. Entsprechend spielte im Sanatorium Bellevue traditionell die Einbindung in das familiäre Leben der Einrichtung eine große Rolle. Bellevue wurde 1980 geschlossen, das Verwaltungsschriftgut und die Ärztebibliothek des Sanatoriums wurden wenige Jahre später von der Universitäts-bibliothek Tübingen erworben und stehen dort als „Binswanger-Archiv" interessierten Personen zur Verfügung. Von den Bauten der Einrichtung sind heute leider nur noch wenige erhalten, die meisten mussten Anfang der 90er Jahre dem Neubau einer Wohn-anlage weichen.

Leichter aufzufinden ist das Schloss Brunegg, das Ludwig Binswanger 1874 als Wohnhaus erwarb. Heute lässt es sich dort in einem Restaurant bei guten Speisen und Getränken trefflich über den Lauf der Geschichte philosophieren. Zudem existieren in der Stadt noch zahlreiche kleinere Schlösschen und Herrschaftshäuser. Wer sich wieder dem Wasser zuwenden möchte, besucht die Kreuzlinger Seeburg; sie lag bis zur Seeaufschüttung in den 60er Jahren des 20. Jahrhunderts direkt am Bodensee. Auch hier befindet sich heute ein Restaurant. „Echt" maritim geht es im Seemuseum zu: Hier findet der interessierte Besucher thematische Ausstellungen über die Schifffahrt und die Fischerei sowie eine im „Wöschhüsli" beheimatete Sammlung von Landschaftsmalereien aus dem Bodenseeraum

Ein weiteres historisch interessantes Gebäude in Kreuzlingen ist das Schloss Girsberg im Stadtteil Emmishofen. Hier treffen sich schweizerische und deutsche Geschichte fast zwanglos. Das Schloss war Anfang des 19. Jahrhunderts im Besitz des Konstanzer Geschäftsmannes David Macaire. Als dessen Tochter Amélie den Grafen Friedrich von Zeppelin heiratete, schenkte Macaire dem jungen Paar Weihnachten 1840 kurzerhand das Schloss; hier verbrachte der erstgeborene Sohn des jungen Glücks, der Graf Ferdinand von Zeppelin, einen guten Teil seiner Jugendjahre. Heute fin-

Der wohlhabende Doktor Gottfried Ferdinand Amman baute 1870 ein einstiges Kloster im Stil des Historismus zum Schloss aus. Schloss Seeburg erhielt auch bald eine repräsentative Parkanlage, die 1895 fertiggestellt wurde.

den in dem in Privatbesitz befindlichen Schloss im Sommer Theateraufführungen statt; außerdem gibt es ein Puppenmuseum und ein kleines Personenmuseum mit Erinnerungsstücken an den „legendären Grafen vom Bodensee" zu besichtigen. Das Museum ist allerdings nur nach Absprache, während öffentlicher Veranstaltungen sowie jeden ersten Sonntag im Monat geöffnet. Auch das See-Burgtheater in Kreuzlingen nimmt sich der theatralischen Bedürfnisse des Ortes an. Es bietet „kritisches Volkstheater"; man möchte, dass „der Universitätsprofessor neben dem Apfelbauern" sitzt. Seit 1990, dem Gründungsjahr des Unternehmens, wurden Klassiker des Sommertheaters wie „Biedermann und die Brandstifter", „Ein Sommernachtstraum" und „Geschichten aus dem Wiener Wald" aufgeführt. Der Spielort, die Seebühne beim Seeburgpark, befindet sich unweit der deutsch-schweizerischen Grenze.

Nun gilt es, das Schweizer Ufer des Obersees zu erkunden. Die Reise geht nach Osten, nach Münsterlingen. Traditionen werden im Alpenraum ja bekanntlich großgeschrieben. Die jährliche Fasnet, der winterliche Christkindlmarkt und weitere kulturell-folkloristische Ereignisse wetteifern ständig um die Aufmerksamkeit von Anwohnern und Besuchern des Bodenseeraums. Da ist es in gewisser Weise entspannend, wenn man auf eine Tradition trifft, die nur alle 50 bis 70 Jahre zum Zug kommt: Die schöne Barockkirche von Münsterlingen ist nun schon seit 1963 wieder die Heimat einer Büste des heiligen Johannes, die sozusagen zwei Gemeinden dient. Diese Büste wird bei jeder „Seegfrörne", also dem Zufrieren des Bodensees, von eifrigen Bewohnern der Gemeinden Münsterlingen und Hagnau, gelegen am gegenüberliegenden deutschen Ufer des Bodensees, über den dann zugefrorenen See getragen. Derzeit wartet man in Hagnau also darauf, dass der heilige Johannes einmal wieder den See überqueren kann – wann immer es eben wieder zu einer „Seegfrörne" kommt. Der alte Brauch ist ein beeindruckendes Beispiel für das länderübergreifende Zusammengehörigkeitsgefühl im Kulturraum Bodensee. Wenn der See aber gerade mal nicht zugefroren ist: Münsterlingen ist außerdem für seine süffigen Weine und für die interessanten Fresken in der kleinen St. Leonhardskapelle in Landschlacht bekannt.

Von Münsterlingen aus lohnt sich ein Abstecher ins Landesinnere, ins nahe Kemmental. Hier finden sich sanft geschwungene Hügel-

Die „Stadt am Wasser" zählt rund 9.400 Einwohner. Der Ort ist begünstigt durch seine Verkehrslage. Romanshorn hat den nach Wasserfläche größten Hafen am Bodensee.

SEEGFRÖRNE

Der Begriff „Seegfrörne" – ‚Seegfrörni" in der Schweiz – bezeichnet das Zugefrorensein eines Sees, in unserem Fall des Bodensees. Aufgrund der Tiefe des Bodensees ist dies ein seltenes Naturschauspiel, bei dem die Menschen sich fasziniert auf die zugefrorenen Wassermassen hinauswagen und dort Spaziergänge unternehmen. Literarisch belegt ist beispielsweise das Zufrieren des Bodensees im Jahre 1573; dieses Ereignis spielt eine Rolle in dem Gedicht „Reiter und Bodensee" des beliebten schwäbischen Dichters Gustav Schwab

Zwar gibt es für die Häufigkeit der „Seegfrörne" keine verlässliche Regel, aber aus der Reihe der Jahresabstände, in denen der Bodensee zumindest teilweise zugefroren war (darunter 1709, 1795, 1830, 1880, 1929 und 1963), ergibt sich für solche Ereignisse eine statistische Häufigkeit von ca. 60 Jahren. Solche statistischen Werte sollten aber nicht für

Urlaubsplanungen verwendet werden; auffällige Abweichungen kommen immer wieder vor, so die lange Abwesenheit der „Seegfrörne" zwischen 1709 und 1795 und die ungewöhnliche Häufung nach 1570 (1571 teilweise zugefroren, 1573 komplett).

landschaften sowie die malerisch gelegenen Bommerweiher, die im 15. Jahrhundert künstlich zum Betrieb der für die Gegend typischen Mühlen angelegt wurden und heute zahlreichen Vogel- und Amphibienarten eine Heimat bieten. Neben Mühlen und Mühlenresten kann man hier (bei Chraienriet) auch Grabhügel aus der Anfangszeit der menschlichen Zivilisation sehen. Der „Schwabenweg", der alte Pilgerweg von Konstanz nach Einsiedeln, ist ein Teil des Jakobswegs; über die Jahrhunderte verwendeten ihn Christen auf ihren Reisen nach Jerusalem oder Santiago de Compostela in Westspanien.

Weiter geht es am Ufer des Obersees entlang nach Osten. In Romanshorn finden wir den größten Schiffshafen am Bodensee vor; zudem existiert eine Fährverbindung zu Friedrichshafen auf der deutschen Seite des Bodensees. Der Ort ist auch ein lokaler Knotenpunkt für den Schienenverkehr – kein Wunder also, dass es hier auch eine „Eisenbahn-Erlebniswelt" gibt. Die engagierten Betreiber erhalten historische Eisenbahnen und die Eisenbahntechnik der frühen Jahre für die Nachwelt; Billetdrucker, Stellwerktechnik und Schienenkräne erwarten den geneigten Besucher.

Der letzte Ort im Kanton Thurgau ist Arbon. Hier hatten sich Anfang des 7. Jahrhunderts einige irische Mönche aus der Gefolgschaft des irischen Missionars Kolumban niedergelassen, darunter auch der heilige Gallus (bekannt als Namensgeber des Klosters St. Gallen). Dessen Grab in Arbon ist ein beliebter Wallfahrtsort; bekannt ist er hauptsächlich durch die Legende von Gallus und dem Bär, der zufolge der Heilige, dank göttlicher Gnade, einem Waldbären Befehle gegeben – und damit Erfolg gehabt haben soll!

Das sehenswerte Schloss von Arbon beherbergt ein historisches Museum, das über die Geschichte der Gegend informiert. Die Altstadt mit ihren verwinkelten Gassen und mittelalterlichen Bauten ist durchaus einen Spaziergang wert; wer möchte, schließt sich in den Sommermonaten Juni und Juli auch organisierten Führungen durch die Altstadt an. Besonders stolz sind die Arboner auf ihre Bäder: Das Freibad bietet sowohl Zugang zum Wasser des Bodensees als auch ein beheiztes Becken; das Strandbad besticht durch seinen eleganten Bau im Stil der frühen Moderne.

Hinter Arbon beginnt der Kanton St. Gallen. Doch Thurgauer, die hier das Bodenseeufer immer in Richtung Osten entlangreisen, kommen bald wieder in die „Heimat" zurück – nämlich in die vom Kanton St. Gallen umschlossene Thurgauer Enklave Horn (Bezirk Arbon). Die Gemeinde, die mit dem Slogan „das wohnliche Dorf am See" für sich wirbt, ist hauptsächlich für durchreisende Segelsportler interessant; drei Häfen, rund 300 Bootsliegeplätze und eine entsprechende Anzahl an Bootsvermietungen und Segelschulen haben für alle Geschmäcker etwas zu bieten. Aber warum ist Horn eigentlich eine Enklave? Die historischen Gründe hierfür zeigen deutlich die zahlreichen mittelalterlichen Einflusskämpfe, die für den deutschen Sprachraum so typisch sind: Im 12. Jahrhundert überließ Kaiser Barbarossa dem Bischof von Konstanz das Gebiet um Horn von zur Nutzung (was bedeutete, dass der Bischof von den freien und leibeigenen Bewohnern des Gebiets Tribut fordern konnte); die Gebiete um Horn herum aber waren im Besitz des Klosters St. Gallen. Im Laufe der Geschichte gingen dann die lokalen Besitztümer des Bischofs von Konstanz an den Kanton Thur-

Das Rote Haus mit der Stadtkirche St. Martin gehört zu den bedeutenden Sehenswürdigkeiten von Arbon. Die Stadt im Kanton Thurgau feierte 2005 ihr 750-jähriges Jubiläum.

gau über. Nach den Napoleonischen Kriegen wurden die Kantonsgrenzen zwar neu gezogen, allerdings konnten sich die einflussreichen Herren des Thurgaus den Besitz des Bezirks Arbon (und damit des heutigen Fleckens Horn) sichern. Voilà – eine Enklave ist geboren.

Tatsächlich im Kanton St. Gallen liegt die Stadt Rorschach. Hier finden sich zahlreiche historische Gebäude. Die 1924 in die Wasser des Bodensees gebaute Badhütte bietet Schwimmern einen ungewöhnlichen Zugang zum nassen Element. Wenn der Badebetrieb beendet ist, finden zuweilen Konzerte in der Badhütte statt, zudem kann man sich im angeschlossenen Restaurant verwöhnen lassen oder bei Gelegenheit den Texten eines lokalen Poeten lauschen. Oder man liest die Zeitung; dies wäre jedenfalls ein geeigneter Tribut an die 1597 hier erschienene „Rorschacher Monatsschrift" (auch „Annus Christi" genannt). Das von zwei Augsburgern herausgegebene Blatt erschien ein Jahr lang und gilt als ein direkter Vorläufer der modernen Zeitung, da es periodisch erschien und über (allerdings nicht immer ganz aktuelle) Ereignisse aus dem damals gegenwärtigen Europa berichtete. Rorschach ist auch der Geburtsort des amerikanisch-deutschen Schauspielers Emil Jannings, der in der Stummfilmzeit große Erfolge feierte und heute hauptsächlich für die Rolle des Professors Unrat in dem Film „Der blaue Engel" bekannt ist.

Am östlichen Ende des Schweizer Ufers findet sich der direkt am Obersee gelegene Ort Altenrhein. Der Name der Stadt geht auf den „Alten Rhein" zurück, wie das historische Flussbett des Rheins in der Region genannt wird. Der Alte Rhein bildet hier die Grenze zwischen der Schweiz und Österreich. Da es in der Gegend oft zu Überschwemmungskatastrophen kam, wurde im Jahr 1892 beschlossen, den Rhein auf seinem Weg in den Bodensee hinein zu begradigen; die Rheinregulierung zu Beginn des 20. Jahrhunderts verkürzte den Flusslauf um gut zehn Kilometer und setzte den Überschwemmungen ein Ende.

Der Ort Altenrhein gehört zur Gemeinde Thal SG („SG" steht für den Kanton St. Gallen) und wurde 1924 durch die Ansiedelung der Dornier-Werke zu einem bedeutenden Industriestandort. Claude Dornier war ein deutsch-französischer Mitarbeiter des Grafen von

Farbenfrohe Figuren schmücken viele Erker an den Häusern in St. Gallen.

DORNIER: DIE „SCHWEREN" FLUGZEUGE

Claude Dornier wurde nach seinem Einstieg bei den Zeppelin-Werken um 1910 schnell zu einem der führenden Köpfe des Unternehmens. So erfand er die drehbare Zeppelinhalle und brachte die Industrialisierung der Zeppelin-konstruktion, ursprünglich ein auf Erfahrung basierendes „Handwerk", voran. Zeppelin und Dornier interessierten sich sehr für die Konstruktion von Fluggeräten, die – anders als die Zeppeline – schwerer als Luft waren. Der Erste Weltkrieg machte die militärische Überlegenheit solcher Flugzeuge deutlich. 1914 zogen Dornier und sein Stab in den (heutigen) Friedsrichshafener Stadtteil Seemoos. Dort wurden moderne Wasser- und Landflugzeuge entwickelt; zu Dorniers Neuerungen gehörten die Schalenbauweise und der Glattrumpf. Flugboote waren in der Anfangszeit der Luftfahrt u. a. deswegen sehr beliebt, da sie keine der eher seltenen, befestigten Landebahnen benötigten. Ab den frühen 20er Jahren produzierte Dornier die berühmten „Wal"-Flugboote; u. a. verwendete der Polarforscher Roald Amundsen für seine Expedition in die Arktis 1925 ein Flugboot der „Wal"-Klasse. In der NS-Zeit war die staatliche Nachfrage nach militärisch einsetzbaren Flugzeugen hoch; Dornier wurde zum Wehrwirtschaftsführer ernannt. Nach Ende des Zweiten Weltkrieges war das Unternehmen zerstört; Claude Dornier wurde „entnazifiziert" und fing sozusagen von vorn an, diesmal mit Wohnsitz in der Schweiz. Mit der Zeit breiteten sich die Aktivitäten der neuen Dornier-Werke auch auf die Bereiche Raumfahrt und Medizintechnik aus. Derzeit bereitet die 2005 gegründete Dornier-Stiftung für Luft- und Raumfahrt die Einrichtung eines Dornier-Museums neben dem Flughafen Friedrichshafen vor.

Zeppelin und wurde bei den Zeppelin-Werken in Friedsrichshafen mit der Entwicklung von Wasserflugzeugen beauftragt. Da in Deutschland die Produktion von Kriegsflugzeugen durch den Versailler Vertrag verboten war, zog Dornier, inzwischen Hauptgesellschafter einer eigenständigen Firma innerhalb des Zeppelin-Konzerns, mit seinem Werk nach Altenrhein in die Schweiz; ein weiteres Werk wurde in Marina di Pisa in Italien eingerichtet. In dem früheren Fischerdorf entstanden nun ein Flugplatz und große Industriehallen. Nach dem Zweiten Weltkrieg wurde das Unternehmen unter Schweizer Kontrolle gebracht; die dann „Flug- und Fahrzeugwerke Altenrhein" genannte Produktionsstätte war im späten 20. Jahrhundert allerdings hauptsächlich im Bau von Waggons erfolgreich. Wer sich für die Geschichte der Luftfahrt interessiert, sollte das Fliegermuseum Altenrhein, direkt beim auf die Dornier-Werke zurückgehenden internationalen Flughafen St. Gallen-Altenrhein gelegen, besuchen. Im nahen Ort Staad, am Nordhang des Rorschacher Bergs, steht seit 2002 ein auf Entwürfen des Künstlers und Architekten Friedrich Hundertwasser basierendes Gebäude, die „Hundertwasser-Markthalle". Das Bauwerk ist mit seinen goldenen Zwiebeltürmen, geschwungenen Linien und leuchtenden Farben einen Besuch wert; es beherbergt zudem ein Restaurant und eine Galerie, in der grafische Werke des Meisters und Farartikel im Hundertwasser-Stil erworben werden können. In der „Markthalle" informiert eine Videodokumentation über die Entstehung des Gebäudes.

Das letzte von Friedensreich Hundertwasser konzipierte Gebäude wurde dem Bodensee zuteil. Die Bauernmarkthalle fand 2001 in Altenrhein ihren Platz. Vergoldete Zwiebeltürme und geschwungene Linien, Asymmetrie und bunte Keramiksäulen sind auch hier die Merkmale von Friedensreich Hundertwassers Architektur.

Historische Gastlichkeit „Zur steinernen Trauben". Viele Häuser am Steiner Rathausplatz tragen reich verzierte Erker. Dieser stammt aus dem Jahr 1688.

Mit einer intakten Altstadt und altehrwürdigen Riegelhäusern empfängt Stein am Rhein seine Gäste.

Historisches Fachwerk in der Altstadt von Romanshorn im Kanton Thurgau

Rechte Seite Stuckverzierungen und
Wandmalereien zieren das Innere der
barocken Stiftskirche der Benediktinerabtei in St. Gallen. Die Kirche wurde
zwischen 1749 und 1765 erbaut.

So hielt man Hof am Bodensee: Ein Blick in den Salon der Kaiserin Eugenie, der Gattin von Kaiser Napoleon III., gestattet das Napoleonmuseum auf Schloss Arenenberg in Salenstein.

Auf Schloss Arenenberg in Salenstein lebte Louis-Napoléon Bonaparte (1808–1873), Neffe von Napoleon I., von 1815 bis 1838 mit seiner Mutter Hortense de Beauharnais. Sein Elternhaus ist heute Sitz des Napoleonmuseums. Die Ausstellung „Napoleon III. – Der Kaiser vom Bodensee" lockte 2008 etliche Besucher an.

Segelboote liegen im Hafen von Arbon vor der Kulisse der Galluskapelle und der Martinskirche. Der Heilige Gallus soll in Arbon seine letzte Predigt gehalten haben.

Linke Seite In einem historischen Fachwerkgebäude ist das Gasthaus Römerhof in Arbon untergebracht. Der Eckturm stammt aus dem 13. Jahrhundert und gehörte einst zur Befestigung der Stadt.

Wasservögel in ihrer natürlichen Umgebung. Am Bodensee kann man zahlreiche Vogelarten beim Balzen, Spielen und einfachen, entspannten Herumlungern beobachten.

Lange ein idyllisches Plätzchen am Wasser, ging dem Schloss Seeburg durch Aufschüttungsarbeiten in den sechziger Jahren der direkte Wasserkontakt verloren. Der Glanz bürgerlicher Prachtentfaltung ist dennoch geblieben, der geschmackvolle Garten der Anlage lädt zum Lustwandeln und Verweilen ein.

Einen nachdenklichen Gesichtsausdruck trägt diese Sandskulptur beim seit 2006 jährlich im August stattfindenden internationalen Sandskulpturenfestival in Rorschach. Die allseitige Beliebtheit des Festes stimmt die Veranstalter indessen meist fröhlich. Wer nicht hingehen kann: Die Veranstalter zeigen die Künstler bei der Arbeit auch per Webcam.

Folgende Doppelseite Blick vom Buchserberg auf Buchs. Wer weiter über das Rheintal hinwegschauen kann, erspäht eine Spitze des Bodensees.

Romantik in Hightech: Ein nach Minergiestandard gebautes Einfamilienhaus in der Dämmerung in Nesslau im Kanton St. Gallen. Auf dem Hausdach sind Sonnenkollektoren angebracht, die das Wasser in einem 10 Meter hohen Wassertank im Innern des Hauses erwärmen.

Rechte Seite *Augenschmaus am blauen Sommerhimmel: Zwei prachtvolle Türme flankieren das Portal der barocken Stiftskirche der Benediktinerabtei in St. Gallen. Die Kirche wurde zwischen 1749 und 1766 erbaut.*

Die Hundertwasser-Markthalle in Staad/ Altenrhein scheint mit ihren Schnörkeln, Türmchen und Verzierungen einen Ausspruch des bekannten Architekten und Künstlers perfekt umzusetzen: Die „gerade Linie ist die einzige un- schöpferische Linie. Die einzige Linie, die dem Menschen als Ebenbild Gottes nicht entspricht."

Blick auf den Ort Heiden im Kanton Appenzell-Ausserrhoden. Der Ort mit seinen etwa 4.000 Einwohnern eignet sich gut als Ausgangspunkt für Erkundungsausflüge ins Schweizer Hinterland des Bodensees.

Linke Seite Heiden war und ist als Kurort bekannt. Im Kantonalen Spital Heiden hat Henry Dunant, der Gründer des Roten Kreuzes, seinen Lebensabend verbracht.

Das Segeln ist natürlich eine der belieb-
testen Sportarten auf dem Bodensee.
Manchmal scheint es, als würden ganze
Bootsfamilien oder -clans am Wochen-
ende einfach gemeinsame Spaziergänge
unternehmen.

Folgende Doppelseite Blick aus
einem Heißluftballon über den Kanton
St. Gallen. Wie Flicken erscheinen
die Dörfer Marbach (Mitte), Balgach
(rechts), und Widnau (rechts außen).
Im Hintergrund sind der Bodensee und
das Rheintal zu erkennen.

Ein österreichischer See

Zeiten der Ruhe in einem kleinen Land: Vorarlberg ist flächen- wie bevölkerungsmäßig das zweitkleinste Bundesland Österreichs. Die Naturimpressionen sind dennoch gewaltig.

VOM ALTEN RHEIN BIS NACH BREGENZ

Der „Alte Rhein" liegt zwischen den Staaten Österreich und Schweiz; seitdem der Rhein hier Anfang des 19. Jahrhunderts in einer gemeinsamen Anstrengung begradigt wurde – um die zuvor häufigen Überschwemmungskatastrophen für die Zukunft zu verhindern – werden die damals „abgetrennten" Mäander des Rheins als „Alter Rhein" bezeichnet. Zwischen dem „Alten Rhein" und dem „Neuen Rhein" ist infolge dieser Veränderungen im österreichischen Bereich ein riesiges, „Rheindelta" genanntes Feuchtgebiet entstanden, das 1942 zum Naturschutzgebiet erklärt wurde. Um die Mündung des Rheins in den Bodensee hinein sind hier rund 2.000 Hektar Flachwasser und Feuchtwiesen geschützt. Entsprechend ist die Region zu einem bedeutenden Brutgebiet für Vögel geworden; es wurden bisher 330 verschiedene Arten dokumentiert, die das Rheindelta zu einem wahren Paradies für Vogelbeobachter machen. Aber auch andere Tierarten kann man hier beobachten: Erdkröten, Bergmolche, Ringelnattern und Eidechsen leben hier zwischen Farnen und Röhrichten. Große Schlickflächen machen das Delta zudem zu einem attraktiven, immer wechselnden Naturschauspiel. Nähere Informationen über die Geschichte und die Gegenwart des Naturschutzgebiets sowie über die Teilnahme an geführten Exkursionen findet man im Rheindeltahaus in der Gemeinde Hard.

Direkt an der Landesgrenze zur Schweiz, zwischen den Schlangenlinien des Alten Rheins und dem Bodensee selbst, liegt der ländliche Flecken Gaißau. Hier finden müde Reisende Erfrischungen und hübsch anzusehende Häuschen. Der nahe Ort Höchst bietet mit der um 1910 in einer Mischform aus Barock- und Jugendstilelementen erbauten Pfarrkirche St. Johann einen interessanten Sakralbau. Genau am Ufer des Bodensees liegt die Ortschaft Fußach. Der Ort spielte im Mittelalter eine wichtige Rolle im Warentransport zwischen Deutschland und Norditalien. Einer der heute wohl bekanntesten Besucher des Ortes war der deutsche Avantgarde-Tourist Johann Wolfgang von Goethe, der auf dem Rückweg von seiner ersten Italienreise 1788 in Fußach im Gasthaus „Krone" eine angenehme, so erzählt man sich, Nacht verbrachte. Goethe hatte damals noch Gelegenheit, die Burg Fußach zu besichtigen. An das inzwischen abgetragene Bauwerk erinnert heute nur noch der „Burghügel". Nachdem die zuvor häufigen von Überschwemmungen angerichteten Zerstörungen durch die Rheinbegradigung ab ca. 1900 der Vergangenheit angehörten, wurde es ruhig, ja sogar sehr ruhig um die kleine Gemeinde am Bodensee.

Erst im Jahr 1964 wurde die nationale und internationale Presse wieder auf Fußach aufmerksam. Damals sollte in der Fußacher Werft ein Bodenseeschiff der Österreichischen Bundesbahnen auf den Namen „Karl Renner" getauft werden, obwohl die Vorarlberger Landesregierung den Namen „Vorarlberg" favorisiert hatte und auf dem Bodensee seit 1918 offizielle Schiffe traditionell nicht mehr mit Personennamen benannt wurden, um dem während der Habsburger- und k.u.k.-Zeit galoppierenden Personenkult keinen Vorschub zu leisten. Renner, ehemals österreichischer Bundespräsident, war in der Region ohnehin kein populärer Mann. Es wird vermutet, dass Renner nach dem Vorarlberger Volksentscheid 1919 den Wunsch der Vorarlberger, von der Schweiz aufgenommen zu werden, bei den entsprechenden Verhandlungen mehr oder weniger „unter den Tisch" hatte fallen lassen. Schwerwiegender noch jedoch war, dass die österreichische Zentralregierung in diesem Fall als arrogant und selbstherrlich angesehen wurde – während die Vorarlberger sich weitgehende Selbstbestimmung innerhalb eines föderalen Systems wünschten. Entsprechend wurden die zur Schiffstaufe anreisenden Gäste aus Wien beschimpft und mit Tomaten und faulen Eiern beworfen. Es kam zu Ausschreitungen. Fußach wurde zum nationalen Skandal, der kontrovers und oft emotional diskutiert wurde. Ein Jahr später wurde das fragliche Schiff dann – allerdings in einer anderen Werft – auf den Namen „MS Vorarlberg" getauft. Wurde in Fußach aktive Demokratie geübt, oder wollte das „räudige Volk" nur randalieren? Jedenfalls wurde Fußach in der linken österreichischen Szene zu einem Symbol für den „Widerstand von unten". Im Jahr 2005 verkauften die Österreichischen Bundesbahnen ihren gesamten Schifffahrtsbetrieb, darunter auch die MS Vorarlberg; das Schiff verrichtet aller-

Immer wieder im August: An Mariä Himmelfahrt startet die „Fatima-Schiffsprozession für ein vereintes Europa" auf dem Bodensee. Rund 4.000 Menschen aus Österreich, Deutschland und der Schweiz werden auf sechs Schiffen u. a. aus dem Hafen von Bregenz auf den See „entführt".

dings unter demselben Namen weiterhin seinen Dienst vom Hei-
mathafen Bregenz aus.

Wer nach so viel Heimat- und Nationalgeschichte erst einmal ein
paar entspannende Stunden am Wasser braucht: Der Fußacher
Naturbadestrand Hörnlebad, familiär einfach „Hörnle" genannt,
ist ein idealer Ort zum Ausspannen für Wasserratten und Erholungssuchende. Am besten erreicht man das „Hörnle" mit dem
Fahrrad.

FÖHN

Was dem Norddeutschen der Regen, das ist für die Bewohner des Bodenseeraums der Föhn – ein ständiges Gesprächsthema,
etwas, worüber man sich freut („bestes Föhnwetter") oder was einem den Tag verdirbt (Probleme mit dem Kreislauf und der Seele
lassen sich trefflich der „Föhnkrankheit" zuschreiben), so etwas wie eine Hausmarke fast.
Als Föhn definiert man einen warmen, trockenen Fallwind, der meist die Seeseite größerer Gebirge hinabwandert. Im Bodenseeraum führt der Föhn typischerweise zu guten Sichtverhältnissen, weswegen er besonders bei Seglern sehr beliebt ist. Außerdem
kann er im Winter die Schneeschmelze beschleunigen. Im Idealfall erkennt man den Föhn an einer geschlossenen Wolkenwand
vor einem blauen Himmel, der sogenannten „Föhnmauer". Föhnphänomene treten bei fast allen größeren Gebirgen der Welt auf.
Für Freunde der internationalen Verständigung: In anderen Regionen der Welt nennt man den dortigen Föhn „Zonda" (Argenti-
nien, Andenföhn), „Ha ny Wiatr" (Polen), „Chinook" (USA, Rocky Mountains) oder „Chanduy" (Mexiko).

Auf der östlichen Seite des Neuen Rheins liegt die Marktgemeinde Hard. Das Dorf Hard wurde im 13. Jahrhundert erstmals erwähnt und im Jahr 1451 samt den umliegenden Gebieten an den Habsburger Erzherzog Siegmund verkauft. 1499 war die Gegend bei Hard Schauplatz eines entscheidenden Sieges der Eidgenossen gegen die Truppen des Schwäbischen Bundes. In Hard selbst findet sich die Kulturwerkstatt Kammgarn, ein zum Theater-/Aufführungsort umgebautes Ensemble aus Fabrikgebäuden und Arbeiterwohnungen. Hier finden Konzert- und Tanzveranstaltungen statt, die Publikum aus der ganzen Region nach Hard locken. Überhaupt ist man in Hard recht kulturbeflissen. So schreibt der Ort einen eigenen Literaturwettbewerb aus. Im Wasserschlösschen Mittelweiherburg findet sich ein dem Textildruck gewidmetes Museum, das Feuerwehr-Oldtimer-Museum sammelt die ausgedienten Feuerwehrfahrzeuge der Harder Brandbekämpfer, und die seit 2007 bestehende Galerie.Z, untergebracht in einem ansehnlichen Bürgerhaus, widmet sich der Pflege der auf Papier ausgeführten Zeichnungen.

Ganz klassisch kann man von Hard aus auch die Wasser des Bodensees erkunden – auf dem „königlich württembergischen" Dampfschiff Hohentwiel. Die Hohentwiel lief im Jahr 1913 in Friedrichshafen vom Stapel und wurde 1935 zum Salonschiff umgebaut. 1962 wurde der Salondampfer ausgemustert, aber nicht verschrottet – dem Bregenzer Segelclub sei Dank. So machte das Salonschiff Karriere als Clubheim und Restaurant im Bregenzer Hafen. Aber Anfang der 80er Jahre wollte der Segelclub in ein neues Heim umziehen – das Aus für die „Hohentwiel", den inzwischen letzten Bodensee-Raddampfer? Nicht ganz: In letzter Minute wurde 1984 die Vereinigung Internationales Bodensee-Schifffahrtsmuseum gegründet; der dampfende Dinosaurier wurde in die Fußacher Werft gebracht und dort instand gesetzt. Heute bietet die „Hohentwiel" den Besuchern des Bodensees bei Rund- und Gourmetfahrten die einzigartige Möglichkeit, eine Dampfschifffahrt im klassischen Stil zu erleben. Sogar sogenannte „Dixiefahrten" werden angeboten – so kann man den Bodensee zu klassischen Jazzklängen irgendwie historisch und irgendwie ganz anders erleben. Übrigens: Die „Hohentwiel" wurde auch für die Dreharbeiten des James-Bond-Films „Quantum of Solace" („Ein Quantum Trost") verwendet ... als Stardampfer, sozusagen.

Vom Zeppelin aus erinnert das Rheindelta bei Hard an die Kulisse eines Fantasy-Films aus Hollywood. Im Hintergrund bauen sich die teilweise mit Schnee bedeckten Alpen wie eine undurchdringliche Wand auf.

Klassisch geht es auch weiter im Landesinneren zu: Das Rohner-haus, im Ortskern des Fleckens Lauterach, stellt Bilder von Vorarl-berger Künstlern seit dem 17. Jahrhundert aus, in einem modernen Gebäude aus dem Jahr 1999. Das von einer Privatstiftung geführte Museum bietet wechselnde Ausstellungen. Im Südwesten des Ortes findet sich das Landschaftsschutzgebiet Lauteracher Ried.

Zurück am Ufer des Bodensees erreichen wir nun die Hauptstadt Vorarlbergs, die Stadt Bregenz. Der Name der Stadt geht auf die Brigantiner zurück, einen Keltenstamm, nach dem die Römer ihre befestigte Siedlung dort Brigantium nannten. Zahlreiche Reste der römischen Siedlung sind zu besichtigen. Auch die Mauern der mittelalterlichen alemannischen Stadt sind noch weitgehend erhalten. Im 15. Jahrhundert kam es verschiedentlich zu militärischen Auseinandersetzungen zwischen den im Süden lebenden Appenzellern und den Habsburgern, wobei Teile des alten Bregenz zerstört wurden. Nähere Details zur Vorarlberger Geschichte erfährt man in den Vorarlberger Landes- und Militärmuseen, beide mit Sitz in Bregenz.

Der kunstinteressierte Besucher der Stadt sollte das Kunsthaus Bregenz auf keinen Fall verpassen; nicht nur steht die Sammlung des 1997 eröffneten Kunsttempels in dem Ruf, eine der besten der Region zu sein. Auch das von dem Schweizer Architekten Peter Zumthor entworfene Gebäude ist weit über die Grenzen des Bodenseeraums hinaus bekannt. Der Würfelbau bildet einen starken Kontrast zu dem bewaldeten Hinterland der vorarlbergschen Hauptstadt. Zumindest architektonisch geht es im Künstlerhaus Bregenz, untergebracht in einer alten Gründerzeitvilla, klassischer zu. Die Ausstellungen dagegen zeigen oft zeitgenössische, manchmal auch radikale Kunst. Wessen Kopf sich vom künstlerischen Angriff auf die Sinne dreht, der kann sich in der hübschen Parkanlage der Villa trefflich erholen.

Die zahlreichen Kirchen- und Prunkbauten von Bregenz wollen wir hier nicht aufzählen; man kann sie leicht bei einem Spaziergang durch die Stadt selbst entdecken. Besonders erwähnt sei aber die Wallfahrtskirche auf dem Gebhardsberg, die sich seit dem 18. Jahrhundert in den Ruinen der alten Burg Hohenbregenz erhebt. Die Fresken des Kirchenraums sind den Besuch wert.

Rechte Seite *Idyllische Kulisse in der Bregenzer Oberstadt*

Der Sender Pfänder sendet für den ORF. 1958 errichtet, ist die 94,7 Meter hohe Stahlfachwerkkonstruktion ein Orientierungspunkt für fleißige Kraxeler.

Weltberühmt sind die Bregenzer Festspiele, die im Sommer Opern- und Musikliebhaber aus aller Welt an den Bodensee locken. Ein besonders beliebter Veranstaltungsort der Festspiele ist die Seebühne, dank ihrer Kapazität von 7.000 Besuchern eine der größten solchen Anlagen der Welt. Die Festspiele bespielen aber natürlich noch andere Bregenzer Bühnen, darunter auch das Theater am Kornmarkt (Schauspielaufführungen) und die Werkstattbühnen (zeitgenössisches Musiktheater und Popkonzerte). Es wird also für jeden etwas geboten. Eine besondere Erwähnung verdient noch das Theater Kosmos, das seit 1996 neuen Autoren und Gruppen ein Sprungbrett in die Öffentlichkeit bietet. Und wer sich über die große Zwiebel über den Dächern der Stadt wundert: Der Martinsturm wird als der größte Zwiebelturm Mitteleuropas angesehen und ist das Wahrzeichen der Stadt. Bürgern von Bregenz gegenüber sollte man daher in Sachen Zwiebelscherze ein wenig Vorsicht walten lassen.

Ebenso wie von der schönen Lage am Bodensee wird Bregenz aber auch durch seine Nähe zum Pfänder bestimmt, einem 1.064 Meter hohen Berg, der atemberaubende Aussichten über den Obersee und die Region bietet; unter anderem kann der alpin interessierte Besucher hier bei gutem Wetter ganze 240 Alpengipfel zählen. Von Bregenz aus kann man den Gipfel – nun ja, fast: die Bergstation liegt auf 1.022 Meter Höhe – des Pfänders seit 1929 bequem mit einer Seilbahn erreichen (und während der Fahrt bereits die Aussicht genießen).

Auf dem Pfänder erfährt man in einer Adlerwarte allerlei Wissenswertes über die „Könige der Lüfte". Allerdings werden die Gäste des nahen Restaurants „Berghaus" auch gebeten, ihre Schnitzel nicht unbeaufsichtigt zu lassen – auch den Greifvögeln schmecken scheinbar die Produkte der lokalen Gastronomie. Besonders bei Kindern ist der benachbarte Alpenwildpark beliebt: Mufflons, Wildschweine und Zwergziegen leben hier in ungezwungener Nähe zum Menschen. Im Winter kann man auf dem Pfänder auch sehr schön Ski fahren.

Obwohl der Pfänder als „Hausberg" von Bregenz gilt, liegt er doch eigentlich zum größten Teil auf dem Gebiet der Gemeinde Lochau. Der Ort Lochau befindet sich direkt an der deutsch-österreichischen Grenze, gegenüber von Lindau-Zech. Sehenswert sind hier eine Burgruine sowie das Schloss Hofen, ein angenehmer Renaissance-Bau, der auf das Ende des 16. Jahrhunderts zurückgeht.

PFÄNDERBAHN

Der Pfänder, der „Hausberg" der Stadt Bregenz, war schon immer ein beliebtes Ausflugsziel. Da lag es nahe, ein Verkehrsmittel zur leichten Eroberung des Pfändergipfels – immerhin eine Höhendistanz von ca. 600 Metern von der Stadt aus gesehen – einzurichten. 1927 wurde die „Pfänderbahn" als dritte Seilschwebebahn Österreichs eröffnet. Für die Errichtung der Stationen der Pfänderbahn zeichnete der Architekt Willibald Braun verantwortlich. Obwohl die Geschichte der Seilbahn bereits 1869 mit dem ersten Patent für eine „Seileisenbahn" an den deutschen Bergrat Franz von Dücker begonnen hatte und die erste Personenseilbahn 1907 in der baskischen Stadt San Sebastián eingerichtet worden war, konnte Braun noch weitgehend von Vorbildern unbelastet ans Werk gehen. Von der Bergstation aus bietet sich ein großartiger Ausblick auf den Alten und Neuen Rhein und den Bodensee; aufgrund der Höhe des Aussichtspunkts ist bei gutem Wetter sogar die Stadt Konstanz am Horizont zu erkennen. Allerdings sollte man nicht erst bis zur Plattform warten, bis man die Augen öffnet: Die verglasten Gondeln der Bahn bieten spektakuläre Aussichten. In der Talstation informiert ein kleines Museum über die Geschichte der Pfänderbahn.

Fischer holen auf dem Bodensee ihre Netze ein, im Hintergrund grüßt ein Alpenpanorama mit schneebedeckten Gipfeln.

Es geht wieder los: Sieben Schiffe der Schifffahrtsgesellschaften der drei Anliegerstaaten des Bodensees bilden im April alljährlich vor Bregenz in Österreich zum offiziellen Beginn der Bodensee-Schifffahrtssaison einen Stern. In der Mitte schwimmt ein Fußball von sechs Meter Durchmesser. Er gehört allerdings nicht zur Tradition, sondern wurde zur EM 2008 einmalig ins Ritual integriert.

Stimmungsvoll wie in der Karibik: Sonnenuntergänge am Bodensee bei Bregenz. Eine herrliche Kulisse nicht nur für romantische Bootsfahrten, sondern auch für die Opern, Musicals und Operetten, die auf der berühmten schwimmer.den Bühne der Bodensee-stadt alljährlich zum „Spiel auf dem See" im Rahmen der Bregenzer Festspiele aufgeführt werden.

Wie der Hüter eines raren Naturerbes bewacht eine einsame Linde bei Bregenz die Schilffelder am Ufer. Schilfgürtel bildeten einst nahezu flächendeckend die natürliche Ufervegetation am Bodensee. Vielfach fielen sie jedoch im 20. Jahrhundert der Urbanisierung zum Opfer.

Eine österreichische Folkloretanz-gruppe zeigt einen Bändertanz vor Schloss Hofen in Vorarlberg.

Bei klarem Wetter reicht der Dreiländer-Blick auf dem Pfänder von den Allgäuer und Lechtaler Alpen im Osten über den Bregenzerwald, die steilen Gipfel des Arlberggebietes und der Silvretta. Scharfe Augen blicken gar von Rätikon bis zu den Schweizer Bergen und den Ausläufern des Schwarzwaldes im Westen.

Lauterach hat Geschichte: Keltische und römische Münzen und wertvollen Silberschmuck aus dem ersten vorchristlichen Jahrhundert konnten die Stadtväter dem Boden abringen.

Linke Seite *Die Kirche zum hl. Gebhard wurde 1723 geweiht. Nach dem Brand kam es 1791 zum Neubau, 1895 zu weiteren Renovierungen, 1977 erfolgte eine Gesamtrestaurierung.*

Folgende Doppelseite *Auch das quirlige Bregenz findet zuweilen zur Ruhe. Die Sonnenuntergänge vor der kleinen Bodenseemetropole sind ein packendes Naturschauspiel.*

*Mediterranes Flair vermittelt die
kleine Bodenseemetropole Bregenz aus
der Vogelperspektive.*

Opulente Kulissen machen die
Bregenzer Festspiele alljährlich zu
einem unvergleichlichen Erlebnis.
Das große Auge ließ man für Giacomo
Puccinis „Tosca" im Sommer 2008 in
die Ferne schweifen.

*Gründerzeitkulisse an der Hafen-
promenade von Bregenz. Der Astronom
Johann Georg Hagen mag entlang-
spaziert sein, und vielleicht hat gar
Karl-May-Filmschurke Sieghardt Rupp
in einem Pavillon wie diesem Inspiration
gefunden.*

Europäische Einigkeit stellt man in Bregenz seit Österreichs Eintritt in die Europäische Union 1995 gern zur Schau.

Rechte Seite *Die Moderne hält Einzug in Bregenz. Architekt Peter Zumthor erhielt 1998 für das Kunsthaus Bregenz den Mies van der Rohe Preis für Architektur.*

Schlafendes Schiff am Bregenzer Hafen. Die „Österreich" fährt wie viele andere Personenschiffe auch noch unter Dampf.

Linke Seite Unberührte Stellen wie jene am Ufer des Bodensees in Vorarlberg sind selten, doch noch gibt es sie. Als „Anwalt der Natur" sorgt der NABU Österreich dafür, dass es so bleibt.

Folgende Doppelseite Das Ufer des Bodensees bietet auch immer wieder ruhige, verlassene Stellen, an denen man sich zurücklehnen und in den Tag hinein träumen kann.